［第3版］

専門職のための
臨床心理学基礎

橋本和幸 著

ムイスリ出版

第3版にあたって

　2019 年に刊行された本書の第 2 版が、おかげさまで初版に引き続き一定数売れたということで、改訂のお話をいただきました。

　この本の初版は、理学療法士・作業療法士の国家試験で出題される臨床心理学分野のテキストとして 2015 年に作成したものでした。第 2 版はそれをもとに学校教員や看護師などの養成課程の授業や、教養としての臨床心理学を学ぶために使えるように加筆修正をしました。いずれにしても、心理学を専攻していない、初めて勉強する人たちに読んでもらいやすい本を目指しました。

　今回の第 3 版は、筆者自身が第 2 版を授業で用いて気づいたことや、他の先生方の教科書として採用された成果をもとにして、さらに読みやすくなるように書き直しました。

　今回も完成まで根気強く待ってくださったムイスリ出版の皆様に感謝いたします。いつもありがとうございます。

2023 年 1 月

橋本　和幸

目 次

第1章 臨床心理学とは

臨床心理学は、精神障害、個人の性格、不適応行動などの問題を分析し、解決の援助を行う学問です。分析や解決の方法には根拠があります。この章では臨床心理学がどのような根拠に基づく学問かを説明します。

1.1 臨床心理学の位置づけ

(1) 心理学の中での臨床心理学

心理学は、基礎心理学と応用心理学の2つに大別することができます。

基礎心理学は、人間の心を学習、発達、社会、パーソナリティなどの機能に分けて、科学的に解明します。研究分野によって、学習心理学、発達心理学、社会心理学、パーソナリティ心理学などとよびます。その研究方法は、実験法や調査法を用いて、客観的で数量的な自然科学的な方法を採ることが主になっています。

一方、**応用心理学**とは、基礎心理学の成果を応用して、現実の世界で役に立つ仕事をするための実践の体系であり、それを支える学問の体系です。例えば、医療機関、学校、企業、司法機関などの現場での実践を支えます。臨床心理学は、こうした応用心理学に属します。

(2) 科学と実践の両立

臨床心理学には、他の心理学の領域と同じように、科学と実践の両立を求められます。科学とは、基礎心理学の原理や方法に基づいて、心の問題の成り立ちや解決方法を考える学問体系を目指すことです。実践とは、援助を必要とする人の問題に応じて、具体的に援助を行うことです。

科学をおろそかにすると、援助が学問的裏づけのないものになってしまい

ます。実践をおろそかにすると、現実の役に立たない机上の空論になってしまいます。科学と実践を両立させるべきであるというポリシーを、「**科学者－実践家モデル**」といいます。

　アメリカでは1949年に、心理士になるためには、実践技能の訓練を受けるとともに、科学性のある心理学研究論文（博士論文）を書く必要があるという方針が定められています。また、科学者－実践家モデルに基づく大学院教育の特色として、次の5つがあげられています(松見, 2005)。

---

① 心理学の基礎分野の知識を習得させる
② 臨床心理学の基礎知識習得のために、講義と実習を並行して受けさせる
③ 科学的な研究方法と、統計などによるデータの評価方法を必須科目にする
④ 1年間の臨床現場でのインターンシップ制度を実施する
⑤ 実証研究に基づく博士学位論文の提出を義務づける

　これら5点を全て満たす教育を受けるためには、大学の学部や専門学校ではなく、大学院に行く必要があると考えられています。

1.2　臨床心理学の学問体系

(1) 臨床心理学の3領域

　臨床心理学は3つの領域に大別することができます。

　第1は**異常心理学**です。これは援助を必要とする人の心理的な問題が生じた原因やメカニズムを考えるものです。

　第2は**心理アセスメント**です。これは問題の程度を測定し、評価するものです。

　第3は**心理療法**です。これは、援助を必要とする人に働きかけて、問題の解消や軽減を目指すものです。

　この本では、異常心理学を第2章、心理アセスメントを第3章と第4章、

心理療法を第5章でそれぞれを説明します。

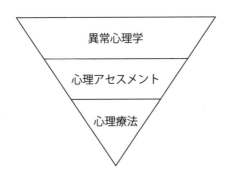

図 1.1　臨床心理学の領域

（2）臨床心理学的援助を受ける人と行う人

　臨床心理学的援助を受ける人のことを、**クライエント**や**当事者**とよびます。また、心理検査（第4章参照）を受ける場合は**被検査者**というよび方もします。

　一方、臨床心理学的援助を行う人のことは、**セラピスト**や**援助者**とよびます。そして、心理検査を行う場合には**検査者**というよび方もします。

　この本では、それぞれをクライエント、当事者、被検査者とセラピスト、援助者、検査者とよぶこととします。

1.3　臨床心理学の歴史と主要な理論

（1）臨床心理学の歴史

　臨床心理学の始まりは、1896年に**ウィットマー**(1867–1956)がアメリカのペンシルバニア大学に心理学クリニックを作ったときとされています。ウィットマーはドイツのヴントのもとで博士号を取得し、帰国後にクリニックを開設しました。

　その後、臨床心理学は次の4つの理論の影響を大きく受けて発展していきました。この**4大理論**の歴史的な流れは、例えば表1.1のように説明できます。

表 1.1　臨床心理学の 4 大理論の歴史

年	精神分析理論	人間性心理学	学習理論	認知理論
1895	フロイト ヒステリー研究			
1900	フロイト 夢診断			
1920			ワトソンとレイナ 恐怖の条件づけ実験	
1923	フロイト 自我とエス			
1924			ジョーンズ 恐怖反応の消去	
1942		ロジャーズ 非指示的療法		
1948			スキナー オペラント条件づけ	
1951		ロジャーズ クライエント中心療法		
1958			ウォルピ 系統的脱感作	
1959			アイゼンク 行動療法という総称の提示	
1962				エリス 論理情動療法
1967		ロジャーズとジェンドリン 体験過程療法		
1976				ベック うつ病の認知療法
2000年代			認知理論と行動理論の統合	

　最も早く確立したのが**精神分析理論**で、1900 年前後にフロイトにより提唱され発展していきました。次に、1940 年代頃に**学習理論**が盛んになり、それに基づく行動療法が確立されました。そして、1940 年代のロジャーズの実践

などをもとに、1950 年代に**人間性心理学**が盛んになりました。さらに、1980 年代に**認知理論**が盛んになり、2000 年代には行動理論と認知理論が統合する考え方も現れました。

　なお、4 大理論以外にも、家族療法、分析心理学、森田療法、内観療法などの理論と実践も有力です。

（2）精神分析理論

　精神分析理論は、オーストリアの精神科医**フロイト**(1856-1939)によって提唱されました。人の心には、意識できる部分（意識）と、意識できない部分（無意識）があるとします。そして、神経症という心の問題は、意識したくないことを無意識に抑圧する（思い出さないようにする）ことによって起きると考えます。心理療法によって抑圧を取り去ることを目指します。詳しくは第 6 章で説明します。

（3）学習理論

　学習理論は、イギリスの**アイゼンク** (1916-97) らによって確立されました。この理論では、人のパーソナリティを学習によって後天的に獲得された習慣が集まったものと考えます。獲得された習慣の違いが、パーソナリティの違いにつながります。そのうえで、心の問題は、誤った学習によって獲得されたものと考えます。心理療法によって、適切な行動を新たに学習することを目指します。詳しくは第 8 章で説明します。

（4）人間性心理学

　人間性心理学は、人間一人ひとりは本来健康で「自己実現」を目指して成長すると考えます。そして、精神病理は、自己実現傾向が阻害された状態と考えます。1960 年代のアメリカで、ロジャーズ、マズロー、パールズ、ロロ・メイらによって提唱されました。

　この理論を代表するアメリカの**ロジャーズ**(1902-87)は、人の心を「経験」と「自己概念」との関係でとらえ、両者のずれが不適応を起こすと考えました。心理療法によって、このずれをなくすことを目指します。詳しくは第 9 章で説明します。

（5）認知理論

　認知理論はアメリカの精神科医**ベック**(1921-2021)らによって確立されました。人間のパーソナリティをいくつかの認知システムの層としてとらえます。心の問題は認知の偏りによって起きると考えます。心理療法によって、認知の偏りを修正することを目指します。詳しくは第10章で説明します。

（6）その他の理論

　家族療法は、心の問題を当事者の家族（関係）全体に介入することで解決を目指す理論と実践の総称です。**分析心理学**は、スイスの精神科医**ユング**(1875-1961)が精神分析のフロイトと別れた後に独自に提唱した、無意識を重視する理論と実践です。**森田療法**は、日本の精神科医**森田正馬**(1874-1938)が提唱した神経症治療のための理論と実践です。**内観療法**は、**吉本伊信**(1916-88)が提唱した心理療法かつ自己観察法です。詳しくは第7章と第11章で説明します。

第2章 異常心理学

　専門家として援助が必要な人に関わる際には、その人が何に困っていて、どうなりたいのかを見立てることが必要です。これを**アセスメント**といいます。アセスメントには基準となるものが必要です。異常心理学は、この基準を提供する研究領域です。

2.1　異常心理学とは

(1) 異常心理学の研究目的

　異常心理学は、正常者から極端に偏っている人や、正常者の一時的な異常現象を研究するものです。研究の目的は、「正常」とは何かを探求するために、「異常」とはどのような状況で、何が原因なのかを探り、正常と異常の境界を見出すことにあります。そして、異常行動の予防、アセスメント、援助方法について研究するために、当事者の心理的問題や病理を調べて、それが生じた原因や仕組みを理解し、心理的な援助によってどのように心理的問題や病理が変化するかを考えます。

(2) 異常心理学の研究対象

　研究の対象は、神経症や精神疾患などの心の問題がある人、発達の問題や病気・怪我の後遺症などで障害がある人の心理になります。例えば、不安症、発達に関連する問題、パーソナリティ障害、抑うつ、統合失調症、高齢期の心理的問題、物質関連障害、心理生理的問題などが対象となります。このため、異常心理学は、精神疾患や不適応などの医学的治療を目指す、精神医学とも密接な関わりがあります。

　上記のような問題や障害がある人の心が、正常な人の心とどのように違う

のかを明らかにする必要があります。つまり、異常は正常とどのように違うのか、異常の中に強弱はあるのか、異常には種類があるのかを明確にします。

　そして、異常心理学は、クライエントの病理の理解、事例の定式化（ケース・フォーミュレーション）、援助を行うための基礎、新たな援助方法開発について、ヒントを与えてくれるものと考えられています。つまり、異常心理学は心理療法とも密接に関係しています。

2.2　「異常」の基準

(1) 異常を決める基準

　何をもって心理的異常と見なすか、その線引きは難しいものです。例えば、時代、文化、国、地域などによる違いを考慮する必要もあります。そのうえで、①「所属するコミュニティの平均から大きく離れている」、②「①によって本人や周囲に問題が発生している」という2点を満たせば、「異常」と見なすことができるのではないかと考えられます。

　また、下山(2009)は、心理的異常を考えるときに、正常と異常を分ける基準は、多元的かつ相対的であるとしています。そして、具体的な基準として、❶適応的基準（適応－不適応）、❷価値的基準（規範－逸脱）、❸統計的基準（平均－偏り）、❹病理的基準（健康－疾病）という4点をあげています。

　臨床心理学では、このような基準から得られる情報を統合して、**見立て**を行います。見立てとは、心理的問題の解決に向けての作業仮説作りのことをいいます。

(2) 適応的基準

　この基準では、所属する社会に適応していることが正常で、社会生活が円滑にできなくなっていることが異常になります。社会的に期待されている機能がさまたげられているか否かについて、他者が判断する社会的判断と当事者本人が判断する主観的判断があります。

　この基準を用いる際には、当事者本人と他者の判断にどのような違いがあるかということに、配慮する必要があります。例えば、学校で不適応状態が

起きている場合、表 2.1 のように、本人、家族、学校では、それぞれ感じていることが違います。この違いにうまく対応できないと状況が悪化しかねません。

表 2.1 障害や症状により関係者が感じること（毛利, 2015 より）

対象者	感じていること		状況が悪化すると
当事者本人	混乱、苛立ち	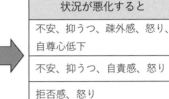	不安、抑うつ、疎外感、怒り、自尊心低下
養育者・家族	混乱、無力感、悲しみ		不安、抑うつ、自責感、怒り
学校・職場・地域など	困惑、無力感		拒否感、怒り

　なお、臨床心理学的援助を希望する当事者本人および関係者は、適応的基準による判断の結果、相談に来ることが多いと考えられます。

（3）価値的基準

　この基準は、判断のための理念体系に基づく規範があり、規範の許容範囲で行動している状態が正常で、規範から逸脱している状態が異常となります。

　具体的には、道徳観や社会理念に基づく規範によって判断する生活的判断と、法律や理論モデルに基づく規範によって判断する理論的判断があります。

　この基準を用いる際にも、当事者と援助者で判断がずれる可能性があります。例えば、当事者は生活的判断で異常を判断して来談し、援助者は臨床心理学の理論で異常を判断します。そこで、いろいろな判断基準を考慮しながら、バランスよく判断することを心掛ける必要があります。

　例えば、おもな臨床心理学の理論が想定する、心理的問題発生の理由を説明する仮説は表 2.2 のようにまとめられます（下山, 2009 より）。

（4）統計的基準

　集団の中で平均に近い標準的状態にあるものが正常、平均からの偏りが大きい状態が異常となります。

　平均に近い標準的状態を決定するためには、質問項目や検査法（第4章参照）を用いてデータを収集します。データを数量化し、統計的手法によって平均に近い標準範囲を決定し、それに基づいて正常と異常を判断します。

　この基準を用いる際には、平均を算出するために標本（サンプル）として用いる集団や、使用する質問項目や検査法などの選び方に注意する必要があります。

表 2.2　各理論が想定する心理的問題発生の理由（下山, 2009 より）

理　論	理　由
精神分析	自我がイド、超自我、外界の状況間の調整をできなくなったため
分析心理学	ペルソナを心の全体と見なし、影を無視した結果、心の相補性が崩れたため
行動療法	誤った学習や未経験のため
クライエント中心療法	自己概念と矛盾する経験を意識に取り入れられなかったため
認知行動療法	不合理な信念や自動思考などにより認知が歪んだため
家族療法	家族成員間のコミュニケーションやシステムが歪んだため
コミュニティ心理学	個人要因と環境要因の相互作用による

（5）病理的基準

　病理学に基づく医学的判断によって、健康と判断されれば正常、疾病と判断されれば異常となります。

　精神病理学に基づいた診断分類体系による専門的判断をします。診断は医師の仕事なので、心理職など医師以外の援助職がこの基準を用いて、社会的な意味での診断はできません。病理的基準の知識は、事例の理解のために用います。

2.3 DSMとICD

(1) 概要

　異常心理学が扱う心理的問題を共有や議論するためには、問題の意味することを明確化かつ共通化する必要があります。そのために、日本を含めて国際的に広く用いられている基準が、**DSM**（Diagnostic and Statistical Manual for Mental Disorders：精神障害の診断統計マニュアル）と **ICD**（International Classification of Diseases：国際疾病分類）です。

ICD の歴史	年	DSM の歴史
ILCD-1（国際死因分類第 1 版）	1900	
ILCD-2（国際死因分類第 2 版）	1909	
ILCD-3（国際死因分類第 3 版）	1920	
ILCD-4（国際死因分類第 4 版）	1929	
ILCD-5（国際死因分類第 5 版）	1938	
ICD-6　（国際疾病分類第 6 版）	1948	
	1952	DSM-I（第 1 版）
ICD-7　（国際疾病分類第 7 版）	1955	
ICD-8　（国際疾病分類第 8 版）	1965	
	1968	DSM-II（第 2 版）
ICD-9　（国際疾病分類第 9 版）	1975	
	1980	DSM-III（第 3 版）
	1987	DSM-III-R（第 3 版改訂）
ICD-10（国際疾病分類第10版）	1990	
	1994	DSM-IV（第 4 版）
	2000	DSM-IV-TR（第 4 版テキスト改訂）
	2013	DSM-5（第 5 版）
ICD-11（国際疾病分類第11 版）	2022	

図 2.1　ICD と DSM の歴史

1）DSM とは

　DSM は、アメリカ精神医学会が作成している診断基準です。1980 年発表の第 3 版（DSM-III）は、医師によってばらつきがあった心の問題の診断を、同じ基準で客観的に診断できるものとして、国際的に用いられるようになり

ました。その後、1994 年発表の第 4 版である DSM-IV が長らく用いられ、
2013 年に第 5 版である DSM-5 が公開されました。

2）ICD とは

ICD は、世界保健機構（WHO）によって公開されている死因や疾病の国際
的な統計基準です。日本で適用されているものは、1990 年公開の第 10 版で
ある ICD-10 です。なお、2022 年に ICD-11 が発効して、日本への適用に向
けた検討が進められます。

3）DSM と ICD の利点

DSM や ICD は、精神障害全体を網羅していること、信頼性や妥当性を高め
る努力が続けられていること、対象となる心理的問題の定義を明確にできる
ことなどの利点があげられています。

（2）DSM における精神障害の分類

現在用いられている DSM-5 では、障害の異なる側面や身体の問題から、
表 2.3 のように精神障害を分類しています。

表 2.3　DSM-5 の分類

1. 神経発達症群／神経発達障害群：知的能力障害群。コミュニケーション症群／コミュニケーション障害群。自閉スペクトラム症／自閉症スペクトラム障害。注意欠如・多動症／注意欠如・多動性障害。限局性学習症／限局性学習障害。運動症群／運動障害群。他の神経発達症群／他の神経発達障害群

2. 統合失調症スペクトラム障害および他の精神病性障害群：統合失調症。緊張病（カタトニア）など

3. 双極性障害および関連障害群

4. 抑うつ障害群

5. 不安症群／不安障害群

6. 強迫症および関連症群／強迫性障害および関連障害群

7. 心的外傷およびストレス因関連障害群

8. 解離症群／解離性障害群

9. 身体症状症および関連症群

10. 食行動障害および摂食障害群

11. 排泄症群

12. 睡眠－覚醒障害群

13. 性機能不全群

14. 性別違和

15. 秩序破壊的・衝動制御・素行症群

16. 物質関連障害および嗜癖性障害群

17. 神経認知障害群

18. パーソナリティ障害群

19. パラフィリア障害群

20. 他の精神疾患群

21. 医薬品誘発性運動症群および他の医薬品有害作用

22. 臨床的関与の対象となることのある他の状態：対人関係の問題。虐待とネグレクト。教育と職業の問題。住居と経済の問題。社会的環境に関連する他の問題。犯罪または法制度との関連する問題。相談や医学的助言など他の保健サービスの対応。他の心理社会的、個人的、環境的状況に関連する問題。個人歴における他の状況

（3）ICD における精神障害の分類

　現行の ICD-10 では、精神障害は第 5 章の「精神および行動の障害」で触れられています。障害として次の 11 種類があげられています（表 2.4）。

表 2.4　ICD-10 の分類

F00-F09：症状性を含む器質性精神障害
F10-F19：精神作用物質の使用による精神および行動の障害
F20-F29：統合失調症、統合失調症型障害および妄想性障害
F30-F39：気分（感情）障害
F40-F48：神経症性障害、ストレス関連障害および身体表現性障害
F50-F59：生理的障害および身体的要因に関連した行動症候群
F60-F69：成人のパーソナリティおよび行動の障害
F70-F79：精神遅滞
F80-F89：心理的発達の障害
F90-F98：小児期および青年期に通常発症する行動および情緒の障害
F99　　：特定不能の精神障害

　松本（2021）によると、最新の ICD-11 の構成は基本的に ICD-10 をベースにしつつ、精神障害に関係する章が新たに 2 つ作られています。具体的には、精神障害を扱う章が第 6 章「精神、行動、神経発達の疾患」となり、新たに作られたのは第 7 章「睡眠－覚醒の障害」と第 17 章「性の健康に関する状態」です。第 7 章には、睡眠関連呼吸障害などとともに、不眠症や過眠症などが入っています。第 17 章には、現病名が性同一性障害となっているものを性別不合と呼称を変更して、精神疾患とはみなさないようです。性的機能障害などとともに、精神の問題か身体の問題かに割りきらず、病気や疾患として扱わずに「状態」と表現されます。

　精神疾患を扱う第 6 章は、名称に「神経発達」が加わって発達障害に関する理解が進んだ実態を反映しており、先に発表された DSM-5 とおおむね共通した構成となっているとされています。具体的には表 2.5 の通りです。

表 2.5　ICD-11 第 6 章に収載される疾患（丸田他, 2021 より）

神経発達症群	知的発達症群、自閉スペクトラム症、発達性学習症、注意欠如多動症など
統合失調症または他の一次性精神症群	
気分症群	双極症、抑うつ症など
不安または恐怖関連症群	パニック症、広場恐怖症、社交不安症、分離不安症、場面緘黙など
強迫症または関連症群	強迫症、身体醜形症、自己臭症、心気症、ためこみ症など
ストレス関連症群	心的外傷後ストレス症、適応障害、反応性アタッチメント症など
解離性症群	解離性健忘、トランス症、解離性同一性症、離人感・現実感喪失症など
食行動症または摂食症群	神経性やせ症、神経性過食症、むちゃ食い症、異食症など
排泄症群	遺尿症、遺糞症など
身体的苦痛症群または身体的体験症群	
物質使用症群または嗜癖行動症	物質使用症：アルコール、大麻など。嗜癖行動症：ギャンブル、ゲームなど
衝動制御症群	放火症、窃盗症、強迫的性行動症、間欠爆発症など
秩序破壊的または非社会的行動症群	反抗挑発症、素行・非社会的行動症など
パーソナリティ症および関連特性	
パラフィリア症群	露出症、窃視症、小児性愛症、強制的性サディズム症、窃触症など
作為症群	自らに負わせる、他者に負わせるなど
神経認知障害群	せん妄、健忘症、認知症など

2.4　異常心理学の研究と実践

（1）まとめ

　研究のために症状を測定する方法は、クライエントやセラピストの主観ではなく、診断面接基準、症状評価尺度、症状評価質問紙などの量的な（点数化できる）指標を用います。例えば、DSM や ICD も用いられます。

　測定のための研究方法は、事例研究と群間比較の 2 種類があります。

事例研究：1 人の事例について、非治療期と治療期を設定します。2 つの
　　　　　　時期の症状を比べることで、治療効果を調べます。
群間比較：治療をする群（治療群）と治療をしない群（対照群）を設定し
　　　　　　ます。各群数人から数十人用意して、症状を比較します。

（2）異常心理学の実践例

　クライエントの問題を把握するためには、医学的な基準（病理的基準）に基づくエビデンスが大切です。しかし、「学校・職場・家庭などの現実生活で問題が軽減した」などの適応的基準や価値的基準に基づく「異常」の消失・軽減にも目を向ける必要があります。

　このような観点に立って、例えば表 2.6 のように、当事者および関係する人それぞれに必要とする支援をします。

表 2.6　不適応状態改善の支援例

対象者	支援目標	支援方法
当事者本人	障害・症状	薬物療法
	認知・感情	心理療法
	対人関係	ソーシャル・スキル・トレーニング
養育者・家族	認知・感情	コンサルテーション
	対当事者本人	ペアレンタル・トレーニング
	対学校等	コンサルテーション
学校・職場・地域など	対当事者本人	コンサルテーション
	対養育者・家族	

第3章 心理アセスメント①：面接法と観察法

　クライエントに対して適切な援助を行うためには、クライエントのことをきちんと知っていなければいけません。そのためには、クライエントについての情報を集めることが必要です。情報を集めたうえで、様々な可能性を取捨選択していくことがアセスメントです。

　臨床心理学におけるアセスメントの方法には、面接法、観察法、検査法があります。この章では、面接法と観察法を紹介します。

3.1　面接法

(1) 概要

　面接とは、ある目的を達成するために、面接者と被面接者が情報、考え、態度などのやり取りを行うことです。面接法のアセスメントは、クライエントや関係者から話を聞いて情報を集める方法です。面接には、構造化面接、半構造化面接、非構造化面接（自由面接）があります。

　構造化面接は、前もって決められている質問文に沿って質問をしていきます。その回答を決められた評定尺度に従って評定していきます。

　非構造化面接は、クライエントの自由な語りに任せながら情報を得ていく方法です。

　半構造化面接は両者の中間で、あらかじめ用意された質問項目を質問しつつ、クライエントの自由な語りにも任せる方法です。

　臨床心理学によるアセスメントでは、多くの場合非構造化面接あるいは半構造化面接を行います。その方法を、インテーク面接を例に説明します。

（2）インテーク面接
1）聞き取る情報

　インテーク面接は、受理面接や情報面接ともいい、クライエントとセラピストが初回に行う面接です。インテーク面接の担当者をインテーカーといいます。

　インテーカーは、クライエントの訴えを聴き、意図をくみ取り、問題点を把握することを目指します。ここで、クライエント自身が語る問題や困っていることを**主訴**といいます。インテーカーは、まず主訴を把握することを目指します。心の問題の場合、本人が問題と思っていることと本当の問題が異なっていたり、本人が何に困っているかを表現できなかったりします。インテーク面接で、何に困っているのかが明確になることで、クライエントの苦痛が軽減することがあります。また、主訴が明確にならなかったということにも重要な意味があります。

　そのうえで、主訴以外にいくつかの項目を聞き取ります（表3.1参照）。

2）面接後に行うこと

　上記の情報を聴き取ったうえで、その相談機関で対応可能かどうかを判断します。つまり、インテーク面接は、セラピストが情報を収集する情報面接の役割を担います。そして、必要ならば他機関を紹介（**リファー**）します。さらに、セラピストとその機関ができる援助や治療枠を説明する、オリエンテーションの役割も果たします。

　このようにインテーク面接は、クライエントとセラピストの双方が、援助に必要な情報を得るための面接です。お互いをよく知り合うことで、クライエントの来談意欲や問題解決意欲を高めます。この結果、セラピストや相談機関との**ラポール**（信頼関係）が確立し、協働関係を作ることを目指します。つまり、インテーク面接がスムーズに行われることで、クライエントを継続した支援に導くことができるのです。

表 3.1　インテーク面接で把握したい情報

項 目	知りたいこと
プロフィール	年齢、性別
問題の経過	きっかけとなった出来事。いつから、どのような問題があるのか。どのような対応をしたか（医療や心理的援助）などを時系列でまとめる
自殺企図の有無	生命の危険の度合い
物質使用歴	アルコール、薬物、タバコなどの使用経験の有無、使用期間
既往歴	身体の不調や疾患などが、現在あるか、過去にあったか。どのように対処してきたか
成育歴	その人がどのような人生を送ってきたか。学歴、職歴、社会での活動歴と現状。婚姻歴など
家族歴	個々の家族成員や家族全体の歴史。家族をどう感じているか。遺伝的問題の有無
強みや長所	心理面接では、できないことや困っていることなどを中心に語られるので、本人が思うできること、得意なこと、うまくいっていることなどを語ってもらう
問題や困りごとのリスト	自分が困っていることを表現できない人も少なくないし、多くの問題があるとどれから手をつけて良いか悩むことがある。問題や困りごとをリストアップして、優先順位をつけると、全体像の把握や気持ちの整理につながる
来談経緯	自主来談か連れられて来談したか。来談意欲が異なる場合がある

3.2 観察法

(1) 概要

　観察は事実をありのまま見ることです。観察法は、アセスメントのために、クライエント（対象者）の活動の様子を、自然な状況や実験的な状況で観察・記録・分析することによって、対象者の行動の特徴や法則性を明らかにして、問題を把握する方法です。具体的には、次の手順で実施します。

　① 観察対象者を決定します。
　② 観察方法を決定します。方法には次の（3）（4）（5）で説明するように、**観察事態**と**観察形態**という観点があります。
　③ 情報の抜き出し方を決定します。（6）で種類を説明します。
　④ 得られた情報の分析と解釈を行います。

(2) 長所と短所

　観察法を他のアセスメント方法と比べながら見ると、次のような長所と短所をあげられます。

1）長所

　まず、対象者を拘束したり制約したりするものが他の方法より少なく、日常生活の自然な行動を把握しやすいことがあげられます。
　次に、面接法や検査法と違い、対象者の発言や回答ではなく行動そのものを対象とするため、言語の理解や表現が十分ではなくても実施できることがあげられます。例えば、乳幼児や障害がある人のアセスメントに用いることができます。

2）短所

　まず、アセスメントの材料が対象者の自然な行動であるため、対象者が行動を起こすまで待たなければならないことがあげられます。
　次に、自然な行動といっても、プライベートな行動の観察は難しいことが

あげられます。対象者は観察者に観られていると思うと、行動を隠そうとするかもしれません。

　さらに、調査項目や解釈方法が決まっている検査法に比べると、観察者の調査の視点や解釈が主観的になりやすいことがあげられます。このため、客観的で信頼がおける観察を行うために、十分な訓練が必要になります。

（3）観察事態

　観察事態は観察する場面による分類で、自然観察法と実験的観察法があります(中澤, 1997)。

1）自然観察法
① 概要

　自然観察法は、行動を起こすために人の手を加えることをせずに、対象者が自然な成り行きで行動する様子を観察する方法です。この方法はさらに、偶然的観察と組織的観察に分けられます（図3参照）。

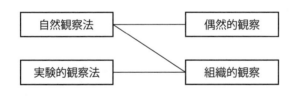

図3　観察事態の種類

② 種類

　偶然的観察とは、たまたま起きた行動を観察して、そのときの記録や印象をもとに、ある人物の性格や人柄を評価したり、ある環境（集団）の人間関係や構造を理解しようとしたりする方法です。

　組織的観察とは、観察する目標を定めて、そのために適切な場面を選んで観察する方法です。例えば、授業離脱を繰り返す児童・生徒を教室や運動場など、あらかじめ決めた場所で観察をして理解しようとすることがあげられます。

③ 実施時の注意点

　自然観察法を採ると、目標とする行動を観察するためには、偶然その場に居合わせるか、その行動が起きるまで待つ必要があります。また、その行動が起きた原因の特定が難しいという問題もあります。

2）実験的観察法
① 概要

　実験的観察法は、観察したい行動が起きるような環境を観察者が設定して、その中で起きる対象行動を短時間のうちに数多く観察する方法です。組織的観察によって行われます（図3参照）。

　行動が起きる原因を探るために、観察者側で環境に手を加えることもできます。例えば、子どもが母親と一緒にいる部屋に、見知らぬ人が入ってきたらどういう反応をするか試してみる、ということがあげられます。

② 実施時の注意点

　実験的観察法を採る場合は、ある行動が起きる原因についての仮説を適切に設定すること、環境に手を加える場合には順番が不自然になったり複雑な操作になったりしないように注意すること、行動の測定の仕方を適切なものにすることを心がけます。特に、環境に手を加えることは、対象者にとって非日常的な体験になる恐れがあるため、可能な限り自然な場面で起こりえる操作にする必要があります。

（4）観察形態

　観察形態は対象者と観察者の関係による分類で、参加観察法と非参加観察法があります(中澤, 1997)。

1）参加観察法
① 概要

　参加観察法は、対象者に観察者が居ることを明示しながら、直接観察する方法です。対象者が観察者の存在を受け入れて、慣れれば、行動に影響しな

くなると考えられています。参加観察法は、対象者との関わりの程度によって、交流的観察と非交流的観察、さらに両者の中間の面接観察の 3 種類に分類できます。

② 種類

　交流的観察は、観察者は対象者に関わりを持ち、経験をともにしながら観察します。例えば、心理士がクライエントと一緒に部屋に入って遊びながら様子を観察することがあげられます。

　非交流的観察は、観察者は対象者と同じ場所に居ますが、関わりを最小限にしながら観察をします。例えば、母子で遊んでいる部屋に入って、離れたところで観察することがあげられます。

　面接観察は、観察者は対象者と面接をしながら、行動を観察します。

2）非参加観察法
① 概要

　非参加観察法は、ワンウェイミラーやカメラを使って、別の場所から対象者の様子を観察する方法です。例えば、親子で観察室に入ってもらい遊ばせて、その様子を別室で観察するという方法があげられます。ワンウェイミラーやカメラで実際の行動を見る場合には、非参加直接観察といいます。一方、カメラで録画した記録を観る場合は間接的観察といいます。

② 特徴

　対象者に観察者の存在を意識させないため、自然な行動を観察できる長所があります。

(5) 観察方法の種類

　ここまで説明した観察事態と観察形態を組み合わせると、観察方法を次のように分類できます。児童の様子を観察することを例に説明します。

　自然×参加観察法：校庭で児童たちと一緒に遊びながら観察をする
　自然×非参加観察法：校庭で遊んでいる児童たちを、職員室から観察する
　実験的×参加観察法：面接室で児童と遊びながら観察する
　実験的×非参加観察法：面接室で児童たちが遊んでいる様子をワンウェイ
　　　　　　　　　　　　　ミラーで観察する

(6) 情報の抜き出し方

　全ての行動を常時観察することは困難です。そこで、必要な情報を得るために何に注目するかを決めて、必要な情報を記録します。記録する方法は、あらかじめ観察項目を作成して、その行動が起きる頻度や持続時間、発生から発生までの間隔を記録する方法、あらかじめ用意した評定尺度（5件法など）で、行動の強さ、程度、印象などを評定する方法、行動をありのままに記録する方法などがあります。具体的には次の通りです(中澤, 1997; 石津, 2009)。

① **日誌法**：特定の対象者について、毎日の出来事や行動を記録する方法です。行動が変化する過程を追うことができます。しかし、記述に主観が入りやすい面もあります

② **場面見本法**：観察する場面を決めて、その中で起きる行動を記録します。例えば、国語の授業と算数の授業の比較、座り位置を変えての比較などが考えられます

③ **時間見本法**：観察する時間を決めて、その時間内に起きる行動を記録します。例えば、授業を前半と後半に分けて比較することなどが考えられます

④ **事象見本法**：特定の行動に焦点を当て、始まり方、経過、行動の結果どうなるかなど、行動が変化する過程を記録します。例えば、なぜ教室離脱が起きるのかについて、どの授業や活動、時間帯で多いか、きっかけとなる出来事は何かなどを探ります

(7) 実施時の留意点

　観察を正確に行うためには、次のことに留意する必要があります(中澤, 1997; 石津, 2009)。

① どの行動を観察するかを明確にすること
② 観察項目や評定尺度を精選して、記録しやすい用紙を作成すること
③ 録画や録音をする場合は、対象者や行動を記録できるように機器を設定すること
④ 観察者が対象者に与える影響を理解すること
⑤ 観察者が観察の訓練をすること
⑥ 観察結果を評価する際に、心理的な歪みが生じることを理解すること（表 3.2 参照）

　上記の点に留意して、同じ観察事態であれば何度観ても、また観察者が誰であっても、同じ結果になるように、しっかりと準備をする必要があります。

表 3.2　主観的判断による評価の歪みの例

名　称	内　容
ハロー（光背）効果	学習者が何か優れた特徴を持っていると、それ以外のことも優れているだろうと判断してしまうこと
中心化エラー（傾向）	評価に自信がないため、極端に高い点数も低い点数もつけずに、真ん中付近の点数ばかりをつけること
寛大化バイアス	単元、種目、学年など、評価の対象や内容が変わっても、一貫して実際よりも甘く評価してしまうこと
対比効果	対象者を誰か特定の人と比較しながら評価すること

第 **4** 章 心理アセスメント②：検査法

　検査法は、クライエントの知能やパーソナリティの一部、あるいはいくつかの側面を客観的に測定する器具を用いて行うアセスメント方法です。検査法は、①「臨床心理学研究のデータ収集のため」、②「援助と介入の方針を決めるアセスメントのため」、③「クライエントとの援助的関わりの媒介とするため」という 3 つの目的で実施されます。

　この章では、検査法で何を見立てることができるか、どのような検査があるかなどを紹介します。

4.1 検査法の概要

　検査法を行ううえで注意しなければならないことは、1 つの心理検査でその人の知能やパーソナリティの全てがわかるわけではないということです。そこで、調べたいテーマに応じて、複数の検査を組み合わせて実施する必要があります。このように心理検査を組み合わせることを、**テストバッテリー**といいます。

　心理検査には、大きく分けて、知能検査、パーソナリティ検査、その他の検査があります。まず知能検査は、知的機能を測定し**知能指数**（IQ）を算出するものです。次に、パーソナリティ検査は、欲求、態度、情緒的特徴、不安などの心理的性質を測定するもので、質問紙法と投影法があります。最後に、その他の検査には、作業への取り組みや認知行動面の障害を検出する検査があります。

4.2 知能検査

(1) 知能とは

　知能は「新しい場面に適応する際に、これまでの経験を効果的に再構成する能力」と定義されます。そして、知能を「年齢相応の総合的な能力」や「いくつかの側面が重なってできている多因子構造」としてとらえます。

　おもな知能検査には、ビネー式とウェクスラー式の2つがあります。

(2) ビネー式知能検査

　ビネー式知能検査は、1904 年にフランスの**ビネー**(1857-1911)が、シモンとともに開発した、ビネー＝シモン式知能検査から始まる児童用の知能検査です。アメリカのターマンによって標準化されたスタンフォード・ビネー改訂版をはじめとして、各国語版に翻訳されました。おもな日本語版には、鈴木治太郎による鈴木ビネー式知能検査と、田中寛一による**田中ビネー式知能検査**があります。

　ビネー式知能検査の内容は、理解、判断、推理、順応など、子どもが日常に出会う課題状況から構成されています（表 4.1 参照）。そして、身近な問題への回答から、全体的な知能を測定しようとしました。

表 4.1　ビネー式知能検査の問題例（田中ビネーⅤより）

3 歳級	4 歳級	5 歳級
基本的生活習慣の理解	目と耳の機能を説明する	左右の弁別
円の模写	正方形の模写	三角形の模写
指示された個数の物を取る	チップの枚数を数える	絵の欠所をみつける
短文の復唱	2つの三角形から四角形を作る	ビーズにひもを通す

　これらの問題を、子どもがどこまで正答できるかによって、その子どもの知的発達の程度を何歳何か月程度の知的能力を持っているかという**精神年齢**を算出します。具体的には、次の手順で行います。

❶ 各年齢において達成が期待される課題を設定します。こうした課題を**年齢級**といいます。

❷ 実年齢の年齢級から検査を開始します。

❸ 1問でも間違えたら下の年齢級に下がります。

❹ そして、全ての問題に合格できた年齢級を基底年齢とします。

❺ そこから、全問不正解になる年齢級（上限年齢）まで行います。

この精神年齢をもとに、次の式で**知能指数（IQ）**という数値を算出します。

精神年齢 ＝ 基底年齢 ＋（基底年齢級以上の年齢級の合格問題数 ×
　　　　　　加算月数）

生活年齢 ＝ 検査実施年月日 － 被検査者の生年月日

知能指数 ＝（精神年齢 ÷ 生活年齢）× 100

知能指数は、その年齢として平均的な知能ならば 100 になります。つまり、100 より大きければ、その年齢の標準的な子どもよりも知能が高いことになります。一方、100 より小さければ、その年齢の標準的な子どもよりも知能が低いことになります。例えば、同じ子どもの知能指数が、6 歳のときの結果も 7 歳のときの結果も 100 ならば、「順調に発達」していることになります。

成人に達すると、一般的に知的能力が完成しているので、精神年齢は変わりませんが、生活年齢は増加してきます。このため、知能指数の式にそのまま当てはめると、年齢が上がるほど知能指数が低くなってしまうので、**偏差知能指数**が用いられます。

偏差IQ ＝ {15（X－M）÷ SD}＋ 100

X ＝ 当該被験者の評価点

M ＝ 同一年齢集団の評価点平均点

SD ＝ 同一年齢集団の評価点の標準偏差

　偏差知能指数は、被験者の知能水準を、同一年齢の平均値からのズレ（偏差）で表そうとしたものです。その分布は近似的に正規分布であることが確かめられています。

（3）ウェクスラー式知能検査

1）概要

　アメリカの**ウェクスラー**(1896-1981)が 1939 年に開発した個別式知能検査です。特徴は、年齢段階に応じて検査があり、幼児から高齢者まで実施することができることです。成人用は WAIS(ウエイス)といい、16 歳以上に適用できます。児童用は WISC(ウイスク)といい、5 歳から 16 歳に適用できます。幼児用は WPPSI(ウイプシ)といい、3 歳 10 か月から 7 歳 1 か月に適用できます。

　ウェクスラー式知能検査では、知能を単一の能力ではなく、いくつかの異なる能力の集まりとみなしています。大まかには、言語性 IQ と動作性 IQ に分けて、この 2 側面から知能を総合的に判断します。

2）検査の内容

　異なる能力を測定するため、複数の下位検査があります。例えば、児童用（WISC）の最新版（WISC-IV）には下記の 15 個の下位検査があります。

❶ 積木模様：赤と白の積木から 2 次元の幾何学模様を作る

❷ 類似：2 つの単語がどう類似しているか答える

❸ 数唱：言われた通りに数字をそのまま繰り返すか、逆に言い直す

❹ 絵の概念：複数の絵を見て、共通の特徴を答える

❺ 符号：見本を見て、ある符号に合致する数字を答える

❻ 単語：絵の名称を言うか、単語の定義を言う

❼ 語音整列：一連の数と文字を聞かせ、数は昇順、文字は五十音順に思い出す

❽ 行列推理：一部が空欄になっている図版を見て、5 つの選択肢から正解を選ぶ

❾ 理解：一般原則や社会的状況の理解に基づいた一連の質問に答える

⑩ 記号探し：左側の刺激図形が右側のグループにあるかを探す

⑪ 絵の完成：重要な部分が欠落した絵画を見て、どこが欠けているか答える

⑫ 絵の抹消：不規則あるいは規則的に配置された絵を見て、目標の絵を選ぶ

⑬ 知識：広範囲の一般知識の話題を扱う質問に答える

⑭ 算数：口頭で出された算数問題に暗算で答える

⑮ 語の推理：一連のヒントによって述べられた共通概念を答える

そして、下位検査の結果を組み合わせて、全検査 IQ と 4 つの指標が算出できます。4 つの指標は次の通りです。

❶ 言語理解：単語、類似、理解、（知識）（語の推理）

❷ 知覚推理：積木模様、行列推理、絵の概念、（絵の完成）

❸ ワーキングメモリ：数唱、語音整列、（算数）

❹ 処理速度：符号、記号探し、（絵の抹消）

3）活用法

　例えば、発達障害があると 4 つの指標（言語理解、知覚推理、ワーキングメモリ、処理速度）に偏りが見られることがあります。大まかにいうと、被験者の①「目からの情報の処理と、耳からの情報の処理のどちらが得意か」や、②「両者の偏りに有意差（統計的に意味があるレベルの差）があるか」などを把握することができます。

(4) その他の知能検査

1）K–ABCⅡ

　K–ABCⅡは、アメリカのカウフマン夫妻が開発した知能検査である K–ABC の改訂版で、認知能力と経験と学習による習熟度を測定できます。認知能力は、同時処理（複数の情報処理を同時に行う）と、継時処理（提示された情報を 1 つずつ順番に処理する）の 2 つを測定できます。そして、習熟度は「語彙」「読み」「書き」「算数」の 4 つの検査で測定します。

　さらに、問題解決のための方略決定に関わる「計画能力」や、新たな情報を効率的に学習し、保持する「学習能力」も測れます。対象年齢は2歳6か月から18歳11か月までです。

2）非言語性（動作性）検査

　言語能力以外の知能を測定するために、言語の使用をなるべく減らした知能検査も考案されました。これを非言語性検査や動作性検査と呼びます。例えば、コース立方体組み合わせテストやグッドイナフ人物画知能検査などがあります。

① コース立方体組み合わせテスト

　アメリカのコースが1920年に開発したもので、ウェクスラー法の積木模様問題のような問題を、赤、白、青、黄、赤と白、青と黄の6面からできた立方体を用いて行います。

② グッドイナフ人物画知能検査

　1926年にアメリカのグッドイナフが開発した検査で、子どもに自由に人物画を描かせて知能を測定します。具体的には、紙と鉛筆を準備して、「人をひとり描いてください。頭から足の先まで全部ですよ。しっかりやってね」と教示します(小林,1977)。描かれた絵を基準に沿って採点します。

　この検査は、パーソナリティ検査にも用いられます。

3）集団式知能検査

　一度に大勢の被検査者に実施できる知能検査もあります。アメリカのオーティスらが1910年代に研究を開始し、アメリカ陸軍に用いたものが、第一次世界大戦後に一般公開されました。この検査は集団検査アルファと集団検査ベータの2種類に大別されます。

　アルファは、問題・教示とも言語を用います。ベータは、問題は非言語性で教示は身振り主体のものです。

　日本では、アルファに相当するものをA式（例：田中A式知能検査)、ベータに相当するものをB式（例：田中B式知能検査）と呼ばれています。

（5）発達検査

　発達検査は、知的発達の問題を早期に発見するために開発されたものです。発達早期は知的機能と運動機能が未分化のため、知能単独で測定することが困難とされています。そこで、運動機能なども含めた発達を評価します。発達年齢（DA）と生活年齢（CA）から**発達指数**（DQ）を求めます。

$$DQ ＝（DA ÷ CA）× 100$$

　日本で用いられている発達検査は、❶新版 K 式発達検査 2001（対象年齢：0 歳から就学まで）、❷遠城寺式乳幼児分析的発達検査（0 歳～4 歳 7 か月）、❸津守・稲毛式乳幼児精神発達診断法（0 歳～7歳）、❹KIDS 乳幼児発達スケール、❺日本版デンバー式発達スクリーニング検査（JDDST-R）などがあります。

　❶は対象者に検査を実施して、「姿勢・運動」「認知・適応」「言語・社会」の 3 領域と全領域の発達指数を算出できます。❷～❹は保護者や保育者が回答します。❺は専門家が観察項目をチェックします。

4.3　パーソナリティ検査①：質問紙法

（1）概要

　パーソナリティ検査は、欲求、態度、情緒的特徴、不安などの心理的性質を測定するものです。検査の種類は、質問紙法と投影法に大別できます。

　質問紙法とは、印刷された質問文に対して、「はい／いいえ」や、「1（あてはまらない）、2（どちらでもない）、3（あてはまる）」といった選択肢に沿って回答させる検査です。被検査者自らが、選択肢の中から選んだ回答を記入していく、自己評定法です。

　質問紙法は、おもに被検査者の意識レベルを評定するものです。質問が記載され、どういったことを聞かれているのかが明確であるため、回答を意図的に操作できるという欠点があります。

　一方長所としては、簡便なため多数の対象者に同時に実施できることや、結果の整理や判定が容易であることなど、実施がしやすい点があげられます。

また、質問項目と選択肢があらかじめ定められているので、客観性が高い検査になっています。

（2）おもな質問紙法検査

1）MMPI（ミネソタ多面的パーソナリティ検査）

　1943年にミネソタ大学のハサウェイらが刊行した、550問の質問に対して、「はい」「いいえ」「どちらでもない」の中から回答させる検査です。9つの臨床尺度と4つの妥当性尺度（回答に嘘がないかを判別するもの）からできていて、パーソナリティの特性を多面的に把握できます。

　臨床尺度は、心気症尺度、抑うつ尺度、ヒステリー性尺度、精神病質的偏倚尺度、性格尺度、偏執性尺度、精神衰弱尺度、精神分裂病尺度、躁病尺度です。一方、妥当性尺度は、Question尺度、嘘構尺度、妥当性尺度、修正尺度です。なお、2020年公刊の最新版は、335問になっています。

2）MAS（顕在性不安尺度）

　1953年にアメリカのテイラーが、不安の程度を測定するために、MMPIから50項目を抜き出した検査です。顕在性不安とは自分自身で精神的・身体的な不安の徴候を自覚できたものです。MASはそれらを客観的に測定することができるとされています。

3）Y-G（矢田部・ギルフォード）性格検査

　120項目の質問に、「はい」「いいえ」「どちらでもない」で回答させる検査です。12の性格特性の高低から、被検査者の性格を5つの類型（タイプ）に分類していきます。

　性格特性は、抑うつ性、回帰性傾向、劣等感、神経質、客観性がないこと、協調性がないこと、愛想が悪いこと、一般的活動性、のんきさ、思考的外向、支配性、社会的外向です。

　性格類型は、A型（平均型）、B型（不安定積極型）、C型（安定消極型）、D型（安定積極型）、E型（不安定消極型）の5つに分類できます。

4）CMI（コーネル・メディカル・インデックス）

　コーネル大学のブロードマンらが 1949 年に発表したもので、被検査者の精神面と身体面の自覚症状を調査できる検査です。原法は、身体面 144 項目と精神面 51 項目の計 195 項目で、日本では 19 項目が追加されて 214 項目のものが一般的に用いられています。

　また、深町健が CMI の結果から神経症を判別する基準を設けました。

5）東大式エゴグラム

　交流分析（第 7 章参照）を提唱したバーンの弟子であるデュセイが考案した**エゴグラム**を、東大医学部心療内科が質問紙化したもので、1984 年に初版が発行されました。パーソナリティの各部分同士の関係と、外部に放出している 5 つの心的エネルギーの量を棒グラフで示すことができます。

4.4　パーソナリティ検査②：投影法

（1）概要

　投影法は、被検査者に漠然とした課題を与えて、そこから出てくる反応を見る検査です。被検査者の反応の中に、欲動、衝動、情緒、観念などが投影されると考えられています。

　また、自分の回答からどんなことが判断されるのかわかりにくいため、無意識レベルが出てきやすいとされています。

　一方で、「あいまいな状況」に長く置かれるため、不安や抵抗感を招きやすい特徴もあります。こうして起きた不安や抵抗感は、援助全般への抵抗にもつながりかねないので、注意が必要です。

（2）おもな投影法検査

1）ロールシャッハテスト

　スイスの精神科医**ロールシャッハ**(1884-1922)が 1920 年に発表しました。左右対称的なインクの染みのような漠然とした図形が載っている図版を 10 枚見せて、何が見えるかと、なぜそう見えたかを回答させます。図版には、

黒単色のもの、黒と赤 2 色のもの、多色刷のものがあります。

　回答から、図版ごとに次のことを明らかにします。

- ➢ 反応数：見えたものの数
- ➢ 反応内容：何に見えたのか
- ➢ 反応領域：図版のどこの部分がそう見えたのか
- ➢ 反応にかかった時間
- ➢ 反応の規定因：見えたものの形態の良し悪し、動きのありなし（運動反応）、色彩への反応
- ➢ その他

　ロールシャッハテストの分析法には、片口式やエクスナー式などがあります。結果からは、無意識的な精神力動（心の動き）、知的な側面、情緒の安定性などがわかるとされています。

２）TAT（絵画統覚検査・主題統覚検査）

　アメリカのマレーらが 1935 年に発表した検査です。人物が登場する一場面を描いた 30 枚の図版と白紙図版 1 枚の中から、検査目的や被検査者に合わせて必要な図版を選んで実施します（マレーは 20 枚を選んでいます）。それらを 1 枚ずつ見せて、物語を作らせます。絵の人物や場面は多様な見方ができるようになっており、被検査者が自分と人物を重ねやすい絵で構成されています。

　なお、子ども用の CAT、高齢者用の GAT もあります。

３）SCT（文章完成法）

　図 4.1 のように、複数の短い文が印刷されている用紙を配布して、その短い文の後に自由に文を書かせて、それぞれの文を完成させます。

　回答から、パーソナリティ（知的側面、情意的側面、指向的側面、力動的側面）と、決定要因（家庭的要因、身体的要因、社会的要因）が分析されます。

```
世の中は

私の失敗

私が好きなのは

私の不平は

私の母

私の健康

学校では
```

図 4.1　SCT の問題例（佐野・槇田,1972 より）

４）P-F スタディ（絵画欲求不満テスト）

　アメリカのローゼンツワイクが 1945 年に作成した検査で、漫画風に描かれた 24 枚の欲求不満場面が示されます。図 4.2 のように、相手に何かを言われて、欲求不満になるような場面にいる人の空白の吹き出しに、思いつくセリフを記入させます。そのセリフから、被検査者の欲求や怒りの表現の仕方がわかるとされています。

図 4.2　P-F スタディの問題イメージ

攻撃する対象は、自分（自責型）、相手（他責型）、誰も責めない（無責型）の3つに分けられます。また、阻止された欲求への態度から、欲求固執型、自我防衛型、障害優位型の3タイプに分けられます。

5）描画法テスト

被検査者に紙上に絵を描いてもらいアセスメントする方法です。被検査者に課題を提示する方法（課題画テスト）と、自由に題材を選んで描いてもらう方法（自由画テスト）があります。課題画テストの代表的なものは次の通りです。

① バウム・テスト

A4の画用紙1枚に4Bの鉛筆で「実のなる木」を描かせて、描き方や形態などを分析します。スイスのコッホが1949年に確立しました。

② HTP法（家と樹木と人物描画法検査）

家屋（house）、樹木（tree）、人物（person）の鉛筆画あるいは色彩画を描かせます。別々の用紙に描かせる場合と、1枚の用紙に3つの要素をまとめて描かせる場合（S-HTP法）とあります。そして、描いたものがどのような意味を持っているかを質問していきます。バックが1948年に発表しました。

③ 風景構成法

セラピストが画用紙にサインペンで枠をつけてから、「川、山、田、道、家、木、人、花、動物、石、足りないと思うもの」を順に教示して1つずつ描かせます。その後彩色させて、風景を完成させます。精神科医の中井久夫が箱庭療法から着想を得て、1969年に考案しました。

④ 動的家族画法

A4判の用紙1枚に、「あなたも含めてあなたの家族の人たちが何かをしているところの絵を描いてください」と教示します。被検査者が認知する家族の様子をアセスメントすることができます。

4.5 その他の検査

(1) 作業検査

作業検査は、一定の検査場面で指示に従って作業を行わせ、その反応結果からパーソナリティを診断しようとするものです。日本で広く定着している作業検査は、ドイツの精神科医**クレペリン**(1856-1926)が考案し、日本では内田勇三郎(1894-1956)がまとめた**内田・クレペリン精神作業検査**です。

この検査は、1桁の数字の足し算を連続して行わせる連続加算作業によって、その作業速度の変動の仕方を指標にして、個人の性格特性や意志の働きを理解しようとする検査です。

具体的には、1行に115個の数字が並んでいて、それが34行あります。被検査者は、検査者の号令に従って、各行の1文字目と2文字目、2文字目と3文字目、3文字目と4文字目というように足し算をして、各文字の間に答えを書きます。足し算の答えが10以上になるときは、その数字の1の位のみを書きます（例：5＋8の場合、答えが13になるので、3だけ記入する）。

検査者の号令で、1分ごとに行を変えます。まず前半の15分作業をして、5分の休憩の後、後半の15分作業を行います。

```
6 2 5 8 3 1 7 4 9 2 4 6 1 8 2 9 1
8 7 3 1 4 8 1 3 1
```

図 4.3　内田・クレペリン検査で行う作業

この検査では、各行の加算作業の最後の答え（最終点）を線で結んで、曲線を作ります。この曲線の型（例：定型、非定型、曲線の動揺）、作業量（全体の回答数、初頭効果、休息効果）、誤答率などを総合的にみて、知的水準、心的エネルギー水準、作業障害の傾向、心理的特徴などを判定します。

（2）脳機能に関する検査

　外傷や疾病などによる脳の損傷によって起きる障害をアセスメントする心理検査があります。検査内容は、例えば認知症、見当識（自分、場所、時間に対する理解）、記銘力（新しいことを覚える能力）、言語、認知、注意、行為などがあります。この本では、そのうちの代表的なものを紹介します。

1）改訂長谷川式簡易知能評価スケール（HSD-R）

　老年期に認知症などによって、知能や見当識に低下がみられないかを簡便に評価できる検査です。調査項目は、見当識、記銘力、計算、数唱、逆唱、知識の6領域です。精神科医の長谷川和夫(1929-2021)によって開発されました。

　認知症のスクリーニングに用いる検査は他に、臨床認知症評価尺度、ミニメンタルステーツ検査（MMSE）、N式老年者用精神状態尺度（NMスケール）、N式老年者用日常生活動作能力評価尺度（N−ADL）などがあります。

2）ベンダー・ゲシュタルト検査

　アメリカのベンダーが提唱した検査で、9種類の幾何学図形を模写させることで、視覚・運動機能を測定します。作業検査でもあり、投影法としても利用されます。脳機能障害の有無、視覚・運動のゲシュタルト機能（多数の刺激を一定のまとまりとしてとらえる力）の成熟程度、人格傾向をみるものです。

3）記銘力検査

　記銘力とは、新しいことを覚える力です（第15章参照）。言語性（聴覚性）記銘力と、非言語性（視覚性）記銘力に分けることができます。

　聴覚記銘力の検査では、多くの場合、数唱問題か対語検査が用いられます。数唱問題では、読み上げた数字を順唱または逆唱させます。対語検査では、「A-○○」「B-△△」という言葉のペア（対語）を覚えさせます。そして、「Aと言えば？」「Bと言えば？」と質問して、対語の一方を解答させます。おもな検査には、**三宅式記銘力検査**があります。

　視覚記銘力の検査では、提示された視覚情報を瞬時に覚えさせます。例え
ば、**ベントン視覚記銘力検査**は、幾何図形をよく見させて、覚えたばかりの
図形を描写して再生させます。

　そして、**ウェクスラー−記憶尺度改訂版**（WMS-R）は、記銘力を含めた全般
的な記憶能力の評価に用います。

4.6　検査法のまとめ

　検査を実施するうえで大切なことは、被検査者の特性や検査目的に合わせ
て、適切な検査を選択することです。そして、必要な検査を適宜組み合わせ
て使用する（**テストバッテリーを組む**）必要があります。

　なお、検査結果は、被検査者の知能やパーソナリティなどのある限られた
側面を反映しているだけであることを忘れてはいけません。そして、1 つの
検査で被検査者の知能の全てがわかったというアセスメントをしてはいけま
せん。さらに言えば、アセスメントは検査以外にも、日常生活の観察などと合
わせて行う必要があります。

第5章 心理療法

　心理療法とは、心理学の理論に基づいた手法で、パーソナリティの問題、行動面や情緒面の不適応などを介入する諸方法の総称です。心理療法では、相談に来て援助を受ける側を**クライエント**（来談者）、援助を行う側を**セラピスト**（治療者）とよぶことが一般的です。

　この章では、心理療法の基本的な枠組みや進め方について説明します。

5.1　心理療法の基本的な進め方

（1）相談の申し込みと受付

　相談機関で援助を受けたい場合、まず当事者本人や家族が電話やメールで連絡したり、直接相談機関を訪れたりして申し込みを行います。

　申し込み時に当事者の様子を確認して、別の相談機関で相談した方が良いと判断した場合は他機関を紹介（リファー）します。

　本人や家族と会って話を聴くことになった場合は、面接の日時を約束します。このように最初に行う面接を**インテーク面接**といいます。

（2）インテーク面接

　第3章と第4章で説明した通り、援助を始めるためにはクライエントから情報を集めるアセスメントを行います。アセスメントのための面接を**インテーク面接**といいます。インテーク面接の位置づけは、①「インテーク面接を受理面接と位置づけて、継続面接を引き受けるかどうかを判断するために、情報を集めることを重視する場合」と、②「初回面接と位置づけて、その後も継続して面接を行う前提で、情報を集めつつも治療に入る場合」があります。

　いずれの場合も、クライエント自身が語った問題や困っていることである**主訴**を中心に聴き取ります。そのうえで、必要に応じて観察法や検査法を行い、その相談機関で対応可能かどうかの判断や、援助方法の選定を行います。

（3）継続面接の進め方

　インテーク面接の結果、相談面接を引き受けられると判断した場合、クライエントにその相談機関でできることを説明します。そして、クライエントがそのやり方に納得をしたら、クライエントとセラピストが双方合意をしたうえで、継続的な援助が始まります。ここで交わす約束事を**治療枠**といいます。5.2節でその具体的な内容を説明していきます。

　援助の目標やかかる期間は、相談機関や用いる学派によって異なりますが、おおむね次のような段階を経ることになります。

1）第1段階：問題の表面化

　問題や困りごとをセラピストとともに明確にしていきます。セラピストの効果的な質問によって、クライエントが問題に気づくこともあります。

　問題の背景には、同時に満足できない欲求のどちらかを選択するときに生じる**コンフリクト（葛藤）**や、それにともなう**フラストレーション（欲求不満）**が潜んでいることもあります。また、葛藤の原因として、ある同一の対象に対して、愛情と憎しみのような、相反する態度や感情を同時に激しく持つ**アンビバレント（両価性）**が存在することもあります。

2）第2段階：自己理解・自己受容

　面接が進むと、クライエントが、自身の問題や困りごとを少しずつ受け入れたり、状況の変化を実感できるようになったりします。この結果、ストレスの軽減やカタルシス（浄化）が起こります。

　一方で、問題を明確にすると、クライエントのできないことや思い出したくないことに触れることになります。これが嫌で面接が滞ったり、中断したりすることもあります。これを**抵抗**といいます。

　そこでセラピストは、さまざまな理論や技法を用いて、クライエントに寄り添いながら、問題を明確にして、受容・理解していけるように支援します。

3）第3段階：自己成長

　自己理解や受容が進むと、問題を乗り越えて、より良い自分になろうという、解決・自己成長の方向に向かいます。

　この場合、セラピストは助言や対応方法の提案を積極的に行い、クライエントはそれを試してみます。

5.2　心理療法の枠組み

　心理療法は、クライエントのニーズや、相談機関の施設および人員の規模、セラピストの考え方などでいくらかの違いは見られますが、おおむね次の 6 点をあらかじめ同意したうえで行われます。

❶ 継続面接を担当するセラピストは、原則として変わりません。

❷ 面接時間は一定の長さで行います。

❸ 面接の頻度は一定の間隔で行います。

❹ 特殊な事情がなければ、あらかじめ決められた面接場所でのみ対応します。

❺ 約束した日時以外に、臨時の面接や電話対応などはしません。

❻ 原則として、クライエントとセラピストのみで会い、お互いの同意がなく他の人が加わることはありません。

　以上のような取り決めを**治療枠**といいます。治療枠は、クライエントとセラピストの双方が、無用の気づかいや不安を持たずに安心して話ができるようにする工夫とされています(丹野, 2014)。

　以下で、面接の担当者、頻度、時間、形態、場所、期間のことなどを説明していきます。

（1）面接担当者

　相談機関の規模や人員、所属するセラピストの専門性や技量などの都合で、インテーク面接、心理検査、心理療法の担当者が異なる場合があります。しかし、継続面接の担当者は原則として毎回同じセラピストが担当します。

そして、やり取りの中で起きる心の動きや現実世界の変化などを経て、関係を作り上げていきます。

ただし、担当者の退職や転勤によって、別のセラピストに担当を引き継ぐこともあります。そのときに起きる顔なじみのセラピストとの別れや新しいセラピストとの出会いが、クライエントに大きな影響を与える可能性があることを考慮しながら、丁寧に引継ぎを行う必要があります。

（2）面接の時間

面接の時間は、毎回一定の長さで行われます。一般的には、40〜50分程度が多いようですが、引き受けなければいけない件数などの都合で、30分以下の短い面接が設定されることもあります。また、インテーク面接は、クライエントに関する情報を集めてアセスメントを行い、援助が可能か否かを吟味する時間が必要であるため、1時間以上の面接時間を取ります。

面接の時間で大切なことは、あらかじめ決められた時刻に開始して、決められた時刻に終了することです。クライエントが遅刻してもその分の時間を補てんはしませんし、もっと話したいことがあると望んでも時間の延長はしません。冷たいように感じるかもしれませんが、始まりと終わりの時刻が明確であることで、お互いに安心して面接に臨むことができると考えます。

例えば、面接の後の予定をクライエントが安心して立てることができます。また、毎回時間が一定であることで、クライエントが「今日は前回に比べて面接を早く切り上げられてしまった。何か気に障るようなことを言ってしまったのだろうか…」などという無用な心配をしなくてすむと考えられています。

（3）面接の頻度

面接の頻度は、一律に決まっているわけではなく、心理療法の種類、クライエントおよびセラピスト・相談機関の事情によって異なります。週1回行うことが一般的ですが、相談希望者が多すぎて、やむを得ず2週に1回にすることもあります。また、学派によっては、週に複数回の面接を設定する場合もあります。

さらに、心理療法が終結に向かう際（フォローアップに移行する段階）に

は、2週に1回、月に1回と面接の間隔を開けていくこともあります。

　面接の頻度も、あらかじめ決めた約束は原則的に守るようにします。約束した日時には必ず会うことを継続することで、クライエントが安心して面接の場で話ができるようになり、信頼関係が作られます。

（4）面接場所

　面接を行う場所は、多くの場合椅子とテーブルだけのシンプルな面接室で行われます。理論によっては、寝椅子（精神分析）や複数の椅子（家族療法やゲシュタルト療法）などを特に用意しておくこともあります。それ以外の調度品や、部屋自体の広さおよび場所などは、クライエントが圧迫感なく集中して面接に取り組めるように配慮する必要があります。

　クライエントが子どもの場合は、プレイルームとよばれる多数の遊具が置かれた部屋を用意して、**遊戯療法**を行うことがあります。他に、子どもや大人が**箱庭療法**を行えるように設備を準備した相談室も珍しくありません。

（5）面接の形態

　面接は援助の対象となる人とだけではなく、その人の家族などとも行う場合があります。また、複数のクライエントと同時に会う場合、面接室以外で会う場合なども考えられます。以下で、面接の形態を紹介します。

1）並行面接

　援助を必要とする本人と心理面接を行いながら、同時にその人に関わる重要な人物との面接を行う方法です。例えば、子どもが援助対象になる場合、その保護者との並行面接を行います。子どもと保護者の面接を同時間帯に別々の部屋でそれぞれにセラピストがついて行われます（図5.1参照）。

　保護者とも面接を行う意味は、保護者に働きかけることで、子どもにとって環境要因である保護者の関わり方などを変容させて、子どもにとってより良い環境づくりをすることにあります。

　また、別々のセラピストと部屋を用意する意味は、親子といえどもそれぞれ独立した個人であることを尊重し、お互いに聞かせたくない話があるかもしれないことへの配慮です。

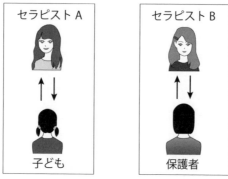

図 5.1　並行面接の例

2）合同面接

　援助を必要とする人と、本人に関わる重要な人が同席して行う面接です。親子や夫婦などがそろって面接に臨みます。この場合、一人のセラピストが、複数人と同時に会って援助を行います（図 5.2 参照）。

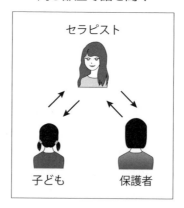

図 5.2　合同面接の例

　合同面接を採用する心理療法には、例えば家族療法（第 11 章参照）があります。家族療法では、家族を 1 つのシステムと見なすため、家族全体に働きかけるために合同面接を行うと都合が良いからです。

3）集団面接

　セラピストがファシリテーター（手段形成を促進する人）を勤めて、複数のクライエントが集まったグループに援助を行う方法です。その理論的背景は、精神分析、クライエント中心療法、家族療法などさまざまです（図 5.3 参照）。

複数のクライエントを集めて、グループを作る

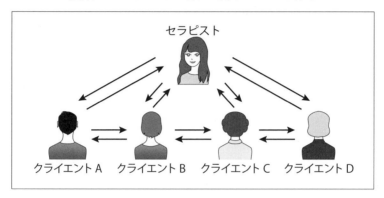

図 5.3　集団面接の例

　複数のメンバーが集まって、さまざまな人間関係を体験しながら、参加者それぞれが抱える心的葛藤、人生の課題、対人関係の問題などについて、集団全体として解決を図っていきます。その際に、ある参加者と別の参加者という1対1の相互作用と、ある参加者個人とグループ全体との相互作用という2種類のやり取りの影響が起こります。

　具体的には、参加者それぞれが自分の問題を話して、他の参加者からフィードバックを受ける体験を繰り返します。セラピストは進行役になって、参加者たちが積極的に自分の問題を話せるように、安全な環境づくりをサポートします。

　そのうえで、参加者は、仲間の助けを得ながら自己開示し、自己や他者の課題に取り組み、個人としてグループとしての成長を目指します。

　適応範囲も広く、児童から大人まで、目的に合わせて行うことができます。例えば、学校では**構成的グループエンカウンター**という形で、学級集団作り

に活用します。そして、精神科デイケアでは、うつ病や統合失調症などの当事者が社会復帰の援助のために用いられます。また、アルコホリック・アノニマス（略称 A.A.。断酒会）では、アルコール依存症の当事者同士が集まって話し合う**ピアサポート**を行います。さらに、参加者それぞれに演じる役割を与えて、演劇の形式を通して援助を行う**心理劇**という方法もあります。

4）訪問面接

　クライエントが何らかの理由で相談機関に来ることができない場合は、セラピストがクライエントのいる場所を訪問して面接を行います。例えば、不登校の児童・生徒の自宅への家庭訪問や、入院患者のベッドサイドを訪れることなどが考えられます。

　注意すべき点は、訪問面接の場合、クライエントに会う心づもりがあるかどうかはわからないということです。そこで、押しつけにならないように、クライエントに「セラピストと会わない自由」を保障する必要があります(長坂, 2005; 田嶋, 2001 など)。

5）電話や Web による面接

　クライエントとセラピストが直接会わずに行う心理面接もあります。例えば電話による相談です。日本では、1971年に始まった「東京いのちの電話」の自殺防止の取り組みをはじめ、公的機関によるいじめや子育ての電話相談が行われています。発展形のテレビ電話による面接は、コロナ禍で移動や施設の利用が制限された際によく用いられました。その他に、電子メールやインターネットの Web サイトでの相談や、LINE などの SNS を用いた相談も行われています。

　こうした面接方法の利点は、移動の距離の長さや手段に制約がある場合、親や家族に秘密にしたい場合、対人恐怖がある場合などでも、相談を希望するときにすぐ相談できることがあげられます。

　一方で、注意すべき点は、音声や文字だけのやり取りになるため、お互いの非言語的メッセージが十分に伝わらず、誤解や判断ミスにつながる可能性があることです。

5.3 複数の援助者の連携・協働

他機関や他職種と協力して支援を行うことがあります。こうした作業を連携や協働といいます。例えば、次のような方法で行います。

(1) コンサルテーション

援助が必要な人（クライエント、当事者）が所属するコミュニティ（例：学校、保育園、職場など）の中で関係する人たちにも関わってもらい、援助を進めていく考え方です。コンサルテーションを行う専門家をコンサルタント、コンサルテーションを受ける人をコンサルティといいます。

例えば、臨床心理学におけるコンサルテーションは、臨床心理学の専門家（例：スクールカウンセラー）がコンサルタント、クライエントの援助に関わる他分野の専門家（例：教員）がコンサルティとなります（図5.4参照）。

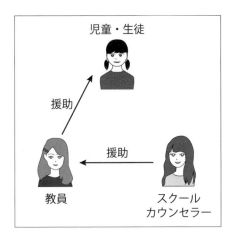

図5.4　学校におけるコンサルテーションの例

クーピウス(1978)によれば、コンサルテーションは次の4つに分類されます。

① **サービスの提供**：コンサルティがコンサルタントに診断や解決を任せる方法です。

② **解決策の処方**：コンサルティが自分の分析や解決策をコンサルタントに査定してもらい、必要に応じて新たな解決策を提示してもらい実行する方法です。

③ **共同作業**：コンサルタントがコンサルティにデータを集めて分析し、解決策を生み出す方法を教える方法です。上記のプロセスを共同責任で一緒に行います。

④ **調停**：コンサルティの依頼なしに、コンサルタントが独自に問題の分析と解決策の考案を行い、関係者に提示する方法です。

（2）リファー

援助者が別の援助者を紹介することです。そして、援助者Aと援助者Bが情報交換を行いながら、それぞれ並行して援助を行います。例えば、教員（援助者A）が不登校の生徒にスクールカウンセラー（援助者B）を紹介することが考えられます（図5.5参照）。紹介後も情報交換を行うことが大切です。

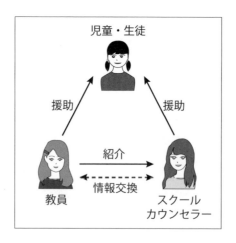

図5.5　学校におけるリファーの例

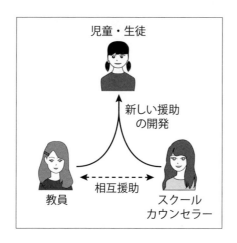

（3）コラボレーション

　援助者が他の援助者とお互いに助け合いながら、協働で新しい援助方法を編み出すことです。例えば、学習面や行動面での支援が必要な生徒について、担任、当該学年の教員、スクールカウンセラーなどが集まって**ケース会議**を行い、学校としての対応を決めることがあげられます（図5.6参照）。

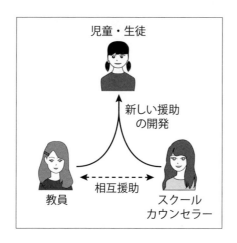

図5.6　学校におけるコラボレーションの例

（4）リエゾン

　リエゾンとは連携のことで、もとは医療機関において精神科と他科との共同治療とその組織化という意味でした。そこから、多職種が集まって援助を進める場合、関係者たちを結びつけてリファーやコラボレーションを実現することや、援助者と当事者本人およびその家族との橋渡しをするという意味まで含まれるようになっています。

　組織の中には、役割における関係性（例：上司－部下など）がありますが、それ以外にも、表に見えない人間関係やさまざまな心の動き（精神力動）などもあります。臨床心理学の知見を使うと、それらをうまく調整して、メンバーを結びつけて、チームが円滑に動けるようにすることもできます。

（5）セラピスト自身の学びの場

クライエントとのやり取りの中で、セラピストの心にもさまざまな動きが生じます。こうした心の動きについては、担当する事例（ケース）について客観的に判断するために、他者の指導や意見を受け入れる努力も必要です。そこで、次のような自己研さんの機会を持つように心がける必要があります。

スーパービジョン：セラピストが熟達したセラピストに援助の過程を吟味してもらうこと

教育分析：セラピストが心理療法を受けて、セラピスト自身の内面を掘り下げていくこと

ケースカンファレンス：相談機関内で専門家同士による事例の検討を行うこと

5.4　心理療法で行うこと

心理療法では、クライエントから発信されることを受け止めるとともに、セラピストからも働きかけます。こうしたやり取りには、言語的な方法と非言語的な方法があります。そしてやり取りを通して、お互いに信頼関係を持てるようになることを目指します。

（1）言語的アプローチ

言葉のやり取りを通して、気づきや変化への意志を生んだり、認知・感情・行動の変容を促したりする方法です。例えば、次のような方法があります。

話を聴くこと：意見を差し挟まずに、クライエントの話に耳を傾けることで支持を表します（例：傾聴。要約）

話を訊くこと：支援のために情報を得たり、クライエントに気づきを生んだりするために質問をします（例：明確化。具体化）

伝えること：クライエントの気づきを生んだり、認知・感情・行動に変化を与えたりするために、援助者の考えやものの見方を伝えます（例：解釈。リフレーミング）

指示すること：クライエントの気づきや、認知・感情・行動の変化のために、取り組んでほしいことを指示します（例：実験。宿題）

教えること：変化を起こすための方法を教えます（例：心理教育。ソーシャル・スキル・トレーニング）

（2）非言語的アプローチ

　言葉によらないやり取りを通して、クライエントを理解したり、クライエントが体験を通して気づきや学びを得たりする方法です。

1）クライエントを観察する

　クライエントが表現する非言語的メッセージに目を向けて、その背後にある心の様子を探ります。非言語的メッセージには、時間（遅刻、欠席、早く来すぎる）、空間（セラピストとの距離）、身体（姿勢、視線、表情など）、外観（服装、髪形など）、音声などがあります。このうち、音声以外は、目に見えることなので、話を聞きながらよく観察することが重要です。

2）遊戯療法

　遊戯療法（プレイセラピー）は、遊びを媒介にして行う心理療法です。精神分析家アンナ・フロイト(1895-1982)とクライン(1882-1960)による子どもに対する精神分析の応用や、児童心理学者アクスライン(1911-88)によるクライエント中心療法に基づく方法があります。遊戯療法には、次の特徴があります。

- ➤ 遊びそのものが心身の成長に役立ち、治療的な意味があります
- ➤ 遊びのなかで自己表現をし、不満や不安を解消させます
- ➤ 面接者との関わりの中で、自分の感情調整や現実への対処方法を学ばせます

　遊戯療法で行う遊びの内容は、身体を動かすものから卓上で行うものまでさまざまな方法があります。クライエントが創造性を発揮し、十分な自己表現ができるように、十分な広さがある安全が保障される場所に、さまざまな遊具を用意することが望まれます。

3）箱庭療法

　イギリスの小児科医ローウェンフェルトの世界技法を、スイスのカルフ(1904-90)がユングの分析心理学を基盤に発展させたものです。日本には河合隼雄(1928-2007)が導入しました。

　腰のあたりに置くと一目で全体を見渡せるくらいの大きさの箱（約70cm×57cm×7cm）の中に、6〜7分目まで砂を入れます。その箱の中で、砂とミニチュア（人物、動物、植物、建物など）を用いて世界を形作っていく心理療法です。箱の内側は青く塗ってあり、砂を掘ると水のように見えて、それで海や池などの水を表現します。箱庭で繰り広げられるドラマをセラピストとともに体験することによって、クライエントは成長して、その心が癒されていくと考えられています。

4）芸術療法

　芸術療法とは、絵画や粘土などの創作・造形活動を用いる心理療法やリハビリテーションのことです。クライエントは表現するために、言葉（語り）の代わりに芸術表現を用います。芸術表現には、絵画、造形、音楽、ダンス、演劇、文学などがあります。

　芸術療法には、課題を与える方法と自由に表現させる方法があります。前者はアセスメントに用いる場合に適していて、後者はクライエントの精神内界に沿った表現がされることに適していると考えられます。

　ただし、病態水準が重い場合には、自由な表現を実施させることは負担が大きいため、課題という枠組みを与える方が適当であるとされています。

5）リラクゼーション法

　人は不安や恐怖を感じると、身体の一部あるいは全体に緊張が生じます。そこで、身体の緊張を緩和することで、不安や恐怖を軽減しようとすることをリラクゼーション法といいます。行動療法（第8章）や認知行動療法（第10章）でよく用いられます。例えば、第11章で紹介する**自律訓練法**が有名です。

（3）クライエントと関係を築く

　心理療法における目標の達成には、クライエントとセラピストの双方が、お互いに力を出し合って協力し合う必要があります。協力するためには、お互いを信頼できる関係が必要です。このような関係を**ラポール**（ラポート）といいます。ラポール形成のためには、お互いに約束を守ること、相手のことをわかろうとする態度、率直であることなどがあげられます。例えば、ロジャーズのカウンセラーの基本的な態度が有名です（第9章参照）。

　このような信頼関係を基盤にして、面接の目標を共有して、それに向かって行動できるクライエントとセラピストの関係を**治療同盟**といいます。

第**6**章 精神分析

　精神分析は、オーストリアの精神科医**フロイト**によって創始されました。フロイトは、開業医としてヒステリーや神経症に関わり、その治療や説明から精神分析の基本的な理論をまとめました。それらは、「無意識の存在と働き」「リビドー」「過去の親子関係の重要さ」などです。

6.1　精神分析の理論

(1) 無意識の存在と働き

　フロイトは、人の心が**意識**、**前意識**、**無意識**の3領域に分かれているとしました。これを局所論といいます。意識は今気づいている領域です。前意識は現時点では気づいていないけれども、努力すると意識化できる領域です。無意識は、抑圧されていて意識化しにくい領域です。心は氷山のようなもので、水面から出ている意識は全体のほんの一部に過ぎず、出ていない無意識の方が大きいとされています（図6.1参照）。

図 6.1　意識と無意識のイメージ

　精神分析では、無意識に抑圧されて普段気づいていない欲動や感情は、意識の領域に戻ろうとして、人の心の動きや行動に影響を与えると考えます。

（2）心の構造

　心は**イド（エス）**、**自我**、**超自我**という異なる役割を持つ機構によって構成されていると説明したものが構造論です。

　イド（エス）は、リビドーとよばれる本能エネルギーの源で、欲求や衝動（○○がしたい、○○が欲しい）を生み出します。外界などの影響を受けずに、今すぐに満足することを求めます（快楽原則）。

　自我は、現実に適応するために、イド、超自我、外界との調整を担います（現実原則）。現実的思考、イドの抑止、イド・超自我・外界がもたらす不安の処理などを行います。

　超自我は、幼少期の両親のしつけが心の内に定着してできたもので、良心（○○してはいけない）や理想（○○しなければいけない）に基づく道徳的判断を行います。

　イドは無意識に存在します。一方、自我と超自我は、無意識と意識それぞれにその一部が存在します。自我は大部分が意識的に働きます。

　人の行動や思考は、自我がイド、超自我、外界の影響を受けながら、三者のバランスをとって何らかの結論（○○しよう）を出します（図 6.2 参照）。

図 6.2　心的装置のイメージ

(3) リビドーの強さと方向

　心のエネルギーの総量は一定で、イド、自我、超自我のどれか1つの領域が強いとそれ以外の領域は弱くなると考えられています。これを経済論といいます。

　イドが強いと、衝動的、感情的、幼児的な行動や性格になります。

　自我が強いと、理性的、合理的、現実主義的な行動や性格になります。

　超自我が強いと、良心的、自己懲罰的、抑圧的、理想主義的、完全欲的な行動や性格になります。

　イドのエネルギーが外界の対象や自分に向かうことを**備給（充当）**といいます。一方、無意識の願望などが意識や前意識に近づくことを妨げるために、自我のエネルギーが使われることを**逆備給（逆充当）**といいます。備給が強いと、願望が意識化され、言語化、行動化されて表に出ます。逆備給が強いと、願望が無意識に抑圧されます。

(4) 不安への対処：防衛機制

1) 概要

　自我は、外界、イド、超自我にさらされることによって不安が生じると考えられています。この不安に対して、自我が無意識的かつ反射的に行う対処方法を**防衛機制**といいます。

　防衛機制は、うまく用いることができれば現実適応に役立ちます。しかし、防衛機制の多くは幼少期に未熟で弱い自我が用いてきたものです。このため、発達段階が進んだ後も使い続けていると、パーソナリティの偏りや歪み、不適応につながるとされています(前田, 1985)。

2) 神経症的防衛機制

　フロイトやアンナ・フロイトら自我心理学派によって、欲求不満や葛藤に対する消極的な対応から積極的で適応的な対応側面まで含んだ防衛機制がまとめられました。これを神経症的防衛機制といいます。

　代表的なものは表6.1(袴田, 1987; 前田, 1985; 高木, 1991を参考に作成)の通りです。これらの防衛機制は、発達段階によってよく使われるものが異なるとされています。

表6.1　代表的な神経症的防衛機制

種　類		内　容	例
抑　圧	repression	不快・苦痛をもたらす感情、欲求、記憶を無意識に抑え込む	臭いものにはフタ
逃　避	escape	空想、他のもの、病気などに逃げる	白昼夢。家庭を顧みず、仕事に打ち込む
退　行	regression	不快や苦痛に対して、今よりも前の発達段階に戻り、未熟な行動をとる	指しゃぶりをする
置き換え	displacement	感情や欲求を向ける対象を変える（代理満足）	八つ当たり
代　償	substitution	満たされない欲求を別のもので満足する	妥協する
転　換	conversion	不満や葛藤が身体症状で現れる	嫌なことがあると、無意識に具合が悪くなる
昇　華	sublimation	欲求や感情を、社会的に受け入れられる別のものに置き換える	怒りをスポーツで発散する
補　償	compensation	劣等感を別のことを伸ばすことで補う	勉強ができないから、スポーツをがんばる
反動形成	reaction formation	本心とは正反対のことを言ったりやったりする	好きな子をいじめる。嫌いな相手に親切にする
打ち消し	undoing	罪悪感や恥をともなう空想や行動を、それとは正反対の空想や行動をし直して「なかったこと」にする	強迫行為
隔　離	isolation	対立する思考、感情、行動を切り離す	嫌いな相手と一緒に淡々と仕事をする
投　射（投　影）	projection	自分が相手に向ける感情や欲求を、相手が自分に向けていると思う	自分が相手を嫌いなのに、相手が自分を嫌いと知覚する
取り入れ	introjection	相手の属性を自分のものにする	投影の反対
同一視（化）	identification	自分をすばらしい人や物と同じだとみなす	まねをする
合理化	rationalization	自分の行動を正当であるように理由づける	すっぱいぶどう
知性化	intellectualization	感情や欲求を直接に意識化せず、知的な認識や考えでコントロールする	理屈っぽい話をしたがる

3）原始的防衛機制

クラインら対象関係論では、口唇期について検討することで、早期の乳児が活発に用いる未分化な防衛機制を見出しました。これらを原始的防衛機制といいます（表 6.2 参照。袴田, 1987; 前田, 1985; 高木, 1991 を参考に作成）。

表 6.2　原始的防衛機制

種　　類		内　　容	例
分　裂	splitting	対象や自己についての「良いもの」と「悪いもの」を切り離して、別個のものとする	サンタは父親と知りながら、サンタさんを信じる
投影同一視	projective identification	分裂した自己の一部分（良いもの、悪いもの）を外界の対象に投影する。そして、投影された自己の部分と外界の対象を同一視する	相手の気持ちを先取りして満たす（忖度）
否　認	denial	不安や苦痛に結びついた現実から目をそらす	病気と言われることが怖くて、再検査を受けない
原始的理想化	primitive idealization	相手の良いところだけを見て、悪いところを見ないようにする	あばたもエクボ
価値切り下げ	devaluation	理想化していた対象に満足できないと、全く価値がないものと過小評価する	あの人は何の取り柄もない人だ

（5）精神性的発達論

1）概要

フロイトは、心的エネルギーの中でも性衝動のエネルギーを重視して、これを**リビドー**（性欲）としました。リビドーは生まれたときから存在し、発達段階ごとに快楽を感じる身体の部分が異なると考えました。そして、リビドーの発達段階を、リビドーを感じる身体部位の名前を使って、口唇期（生後～1歳半）、肛門期（1歳半～3歳）、男根期（3～5歳）、潜伏期（6～12歳）、性器期（思春期以降）に分類しました。これを**精神性的発達論**といいます。

　それぞれの発達段階でリビドーが十分に満たされれば、次の発達段階にスムーズに移行します。反対に、不足や過剰があった場合には、その発達段階へのこだわりを生じます。これを**固着**といいます。そして、ストレスや欲求不満が生じたときに、固着がある発達段階に戻ったような気持ちやふるまいが見られることがあります。これを**退行**（防衛機制の一種）といいます。

　このような固着や退行のパターンも、防衛機制と同様に、パーソナリティの形成や心の問題に影響すると考えます。

２）リビドーと発達段階

① 口唇期

　出生から 1 歳半頃までの時期です。おもに授乳や食物摂取によって口唇や口腔の活動が活発になることで、口唇で感じる快感が高まり、口唇性欲が発達するとされています。この段階の初期には「吸う」欲動が、後期になると「噛む」欲動が高まるとも考えられています。

　口唇期に強い固着があると**口唇性格**になります。吸うことに固着があると、依存的、受身的、自信、安心、楽天性などの特徴が見られます。噛むことに固着があると、横柄、ひがみ、悲観、絶望、自閉などの特徴が見られます。

② 肛門期

　1 歳半頃から 3〜4 歳頃までの時期です。排泄により肛門に快楽を感じるようになるとされ、肛門括約筋などの発達により、肛門と尿道で便を保持することおよび排泄することが自分の意思でできるようになる時期です。

　フロイトは、便を贈り物あるいはお金を象徴するものと考え、素直に出す（排泄）ことは他者（特に母親）に贈り物をすることであり、ため込むことは、他者の要請に反抗することとしました。

　肛門期に強い固着があると**肛門性格**になります。その特徴は、几帳面、秩序を大事にする、倹約家、わがままなどがあげられます。また、肛門性格は、**強迫性格**（第 14 章参照）に結びつくとも考えられています。

③ 男根期

　3〜5歳頃までの時期です。性器の感受性が増すことで、性器に触れると快楽を経験し、性器への興味や関心が高まるとされています。そして、性器の違いから男女の違いに関心を持つとされます。さらに、異性の親に性的関心を持ち、同性の親をライバルとして憎むようになります。一方で、そのような気持ちに同性の親から罰を受けるのではないかという恐れや不安が生じます。この不安を鎮めるために抑圧した両親への気持ちを**エディプス・コンプレックス**といいます。

　同性の親へのライバル視は、「かなわない」「いつか追いつきたい」という気持ちを生み、同性の親への**同一化**が起こり、男らしさあるいは女らしさを身につけていくと考えられています。また、異性の親への関心を知られてはいけないという気持ちが、罪悪感や**超自我**を形成すると考えられています。これらは、道徳心や良心、社会的な適応やまじめさにつながるとされます。

　男根期に強い固着があると**男根期自己愛性格**になります。その特徴は、自分の能力や容姿の素晴らしさに確信を持ち、そのことを他者に誇示しようとすることです。その背景には、自分の男らしさや女らしさに自信を持てないという自己愛の傷つきや劣等感があるとされています。

④ 潜伏期

　6〜7歳頃から思春期までの時期です。リビドーが一時的に抑圧されて、心のエネルギーが家庭の外に向くようになるとされています。そして、仲間との活動や知的活動に取り組みます。例えば、数名の同性の成員で**ギャンググループ**を作ります。このため、潜伏期を**ギャング・エイジ**ともいいます。こうした集団での活動によって、仲間づくりやリーダーへの同一化、自分に自信が持てるようになり、両親からの自立が進みます。

⑤ 性器期

　身体の成熟とともに生殖機能が身につくと、リビドーが高まりそれを向ける相手を求めるようになります。リビドーの発達段階はここが到達点です。性器期では、リビドーを向ける相手と相互に信頼関係を持って、仕事、生殖、

娯楽などを分かち合えるようになることを目指します。

　オーストリア生まれのライヒは、健康な愛と労働の能力を持った人に見られる性格構造（健康的なパーソナリティ）を**性器的性格**としました。

6.2　フロイト以後の展開

　フロイト以後の精神分析は、フロイトの考えのうちからどれを重視したかでいくつかの学派に分かれました。この本では自我心理学派、対象関係論、中間学派の3派を紹介します。

(1) 自我心理学派
1）概要
　発達段階ごとの自我の働きや環境への適応を重視し、フロイトのイド－自我－超自我の心的構造や心的装置の考え方を継承しました。特に、自我が、イド、超自我、現実外界からのストレスに対して防衛する働きを重視しました。そして、環境に適応するために自我の強さが重要であると考えました。

　自我とイドおよび現実外界の間には境界があるとしました。これを自我境界といい、薄いほど心の問題（精神病理）が重くなると考えました。

　自我心理学派の研究は、発達心理学、青年心理学、パーソナリティ心理学など他の心理学領域や精神医学に影響し、境界性パーソナリティ障害（第14章参照）の治療などに活かされています。

2）おもな研究者と業績
　アンナ・フロイト（オーストリア→イギリス）は、防衛機制を詳細に分類しました（前節（4）参照）。また、フロイトの時代には成人だけを治療対象にしていましたが、親をはじめとする環境調整などによって子どもへの支援を試みました。

　ハルトマン（オーストリア→アメリカ）は、自我心理学の体系を確立させました。例えば、自我はイドから発達するものではなく、自我はイドと未分化ながら生得的に存在し、イドに従属せずに自律性を持っていると考えまし

た。自我は自分の内側にあるものと外界とのバランスを取って適応を助ける働きをすると考えました。パーソナリティが発達すると、この適応が進むと考えました。

　エリクソンは青年期の問題を自我同一性として概念化し、心が生涯発達するというライフサイクル論をまとめました（第12章参照）。

　スピッツ、ボウルヴィは、母親との愛着形成、母性はく奪や分離体験についての研究から、乳幼児期の養育環境や母子関係が、心の発達やその後の対人関係に与える影響を論じました。

　マーラーは、3歳ころまでの子どもが母親への依存状態から個を確立する過程をまとめた「分離－個体化理論」を提唱しました。

（2）対象関係論

　人間の心の中での自己と対象（母親）との関係に重点をおく考え方です。有力な研究者にはクラインやビオンがあげられます。

1）クラインの考え方

　クライン（オーストリア→イギリス）は、「ポジション概念」を提唱し、人の心は生涯、抑うつポジションと妄想分裂ポジションを行き来すると考えました。また、子どもは遊びを行うことで自由連想ができると考え、遊びを通した体験に基づく治療である**遊戯療法**を発展させました。

① 妄想分裂ポジション

　生後3〜4か月の乳児は、自分に満足を与えてくれる良い（快）対象と不満を与える悪い（不快）対象の2つの母親が存在すると感じています。この見方を分裂といいます。自分にとって良い面および悪い面を過度に誇張して対象をとらえており、これを部分対象といいます。

　乳児は悪い対象を攻撃、破壊します。このときに、自分に攻撃・破壊が跳ね返ってくるのではないかと不安になります（迫害不安）。

　妄想分裂ポジションでは、自我が未熟な乳幼児が自分の心を守るために、分裂や投影同一視など**原始的防衛機制**（表6.2参照）を働かせます。

② 抑うつポジション

生後5か月頃になると、対象（母親）に良い部分と悪い部分の両方があることを認識するようになります。これを全体対象といいます。そして、悪い対象として母親を攻撃してきたことに、罪悪感を覚えたり落ち込んだり（抑うつになったり）します。これを抑うつポジションといいます。

この罪悪感や抑うつ感情から、母親を償いたいという思いが生まれます。そして、それが母親への感謝の念につながると考えます。

③ ポジションの行き来

発達段階が進んだ後に、心が健康な状態の場合は抑うつポジションにあります。それが危機やストレスにさらされると妄想分裂ポジションが優勢になります。そして、時間の経過や自我の働きにより、再び抑うつポジションに戻ると考えられています。

２）ビオンの考え方

イギリスの**ビオン**によると、乳児の無意識にわけのわからない不安（β要素）が生まれたときに、母親がそれを察知（夢想）できると、母親はβ要素を乳児にとってわかりやすいα要素に変換して返してくれます。そうすると、乳児の心が安定すると考えました。母親がβ要素を受け止めてα要素に変換する働きをα機能、β要素を母親が吸収することをコンテインといいます。

一方で、母親がβ要素を夢想できない場合、乳児は不安や混乱を示します。そして、母親との投影同一視が起こり、他者や外界を奇怪な存在ととらえるようになると考えました。ビオンは、集団面接による治療を試みました。

（3）中間学派（独立学派）

中間学派は、自我心理学派と対象関係論の対立の間で、どちらにも属さなかった人たちによる考え方です。有力な研究者はイギリスの**ウィニコット**（1896-1971）らです。

1）母子関係の変化

　乳幼児期の母親と未分化な一者関係から分化した二者関係に進む時期を重視しました。

　まず、生後4か月頃までの乳児は、自分と母親とが同一である（未分化）と思い込んでいます（錯覚）。このとき母親が乳児の依存を十分に満たすことを「**抱っこ**(holding)」といい、中間学派で重視する養育態度（環境）です。そして、中間学派の支援では、セラピストに心理的な抱っこという支持的態度を求めます。子どもには遊戯療法を行います。

　その後、乳幼児は移行対象を手にして、母親との分離を試みます。移行対象は客観的に存在するものでありつつ、その意味は乳幼児が主観的に作り出すものです。例えば、毛布、ぬいぐるみ、自分の指、子守唄などがあげられます。この時期の母親は、子どもの欲求に対して無我夢中で世話をします（原始的な母性の没頭）。しかし、子どもの発達とともに世話を加減するようになります。これを「**ほどよい（good enough）母親**」的態度といいます。

　こうした態度で養育されていくと、子どもは自分と母親が異なる存在であることに気づき、自立した二者関係が成立して、一人で居ることができるようになります。

2）母親イメージの影響

　母親が乳児の依存を十分に抱えると、乳児の母親イメージは良い（快）ものになります。この良い母親イメージのもとで、乳児は生き生きとした、自然で創造的な自分（本当の自己）を形成していきます。

　一方、母親が乳児に強い不安や恐怖を与えると、乳児は不安を鎮めるために、現実外界に妥協して、本来の自分を出しません（偽りの自己）。

　それぞれの母親イメージのもとで形成された自己が、その後の健常さや心の問題につながると考えられています。

6.3 面接の進め方と技法

(1) 概要

　精神分析に基づく心理療法では、クライエントの心の問題の理解と解消のために、クライエントが無意識に気づくことを目指します。これをセラピストがさまざまな技法を用いて助けます。具体的には、次の手順で行います。

(2) 面接の段階と行うこと

1) 第1段階：治療契約

　どのような治療の枠組み（5.2 節参照）で面接を行うかを、クライエントとセラピストで話し合って約束します。これを**治療契約**といいます。治療の枠組み（治療構造）の設定と契約は、精神分析では特に重視されます。

2) 第2段階：無意識の表現

　セラピストはクライエントの無意識を表現させます。その方法は下記の①〜③の通りです。また、クライエントに対しては、フロイトはセラピストの考えを押しつけない中立的態度をとりました。しかし、後継者の中にはクライエントに沿った態度をとる人もいました。

① 自由連想法

　フロイトが無意識を表現させるために用いた方法です。自由連想法は、精神分析的心理療法の最も基本的な技法で、寝椅子に仰向けに寝かせて、頭に浮かぶ全てのことを、批判や選択することなしにそのまま言葉にさせます(図6.3 参照)。クライエントが話す言葉とともに、語りの滑らかさ、滞り、文脈の流れなどからも心のありようを探っていきます。

② 対面対話法

　フロイトの後継者たちの中には、自由連想法ではなく対面での対話を重視した人たちもいます。対面対話法では、クライエントの言葉に言葉で応答していきます。このうち、明確化では、クライエントの曖昧な話を整理して伝

えていきます。直面化では、クライエント本人が気づいていない話の矛盾などを提示します。

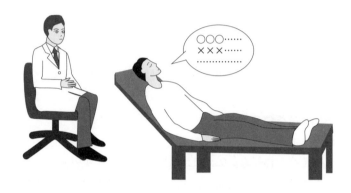

図6.3　自由連想法のイメージ

③ 遊戯療法

　クライエントが子どもの場合、遊びを媒介に面接を行う遊戯療法で無意識の意識化を目指します。フロイトは言語による介入を基本としたため、子どもとの面接は行いませんでしたが、クラインらによって、遊びが自由連想につながると考えられるようになりました。

3）第3段階：転移と逆転移
① 転移

　面接が進むと、クライエントはセラピストに対して**転移**を起こします。転移とは、クライエントが過去の重要人物（両親、きょうだい、友人、教師、配偶者など）に対する感情や態度をセラピストに向けたものです。転移には、好意的な感情をともなう**陽性転移**と、攻撃や敵意をともなう**陰性転移**があります。

② 逆転移

　転移に反応して**逆転移**が起こります。逆転移とは、セラピストがクライエントに向ける無意識な感情や態度です。セラピストの過去の経験（両親、き

ょうだい、友人、教師、配偶者などとの）が影響しています。

　セラピストが逆転移を自覚していれば、クライエントの心的世界を理解することができて、クライエントの問題を洞察・解釈することにつながります。反対に、逆転移を自覚していなければ、湧いてくる感情に振り回されて面接がうまくいかない可能性があります。

4）第4段階：セラピストの解釈

　解釈は、セラピストがクライエントの言動の意味を明らかにして、言葉にすることです。解釈の内容は、クライエントが受け入れて対処できるものとします。そして、解釈するタイミングには配慮が必要です。

　解釈は、クライエントの洞察を促進します。洞察とは、クライエントが自分の無意識の意味や問題への影響を吟味することです。

5）第5段階：クライエントの抵抗

　解釈を行ってもクライエントの洞察が進まないことがあります。これを**抵抗**といいます。抵抗とは、無意識が明らかになることを恐れて、面接の進行を妨げるクライエントの言動です。例えば、面接中に無言になる、面接に遅刻やキャンセルをすることなどがあげられます。

　抵抗を取り扱う際には、**疾病利得**と**行動化**に注意します。疾病利得とは、問題が解決しないことで、クライエントに利益が生じていることをいいます。行動化とは、クライエントが自身の感情や葛藤などを、言葉ではなく面接内外の行動で表現することです。この行動は、クライエント自身はたいしたことはないと考えますが、客観的には著しく不適当なものです。

6）第6段階：セラピストの徹底操作

　セラピストは抵抗を解釈して、クライエントが自身の内面を洞察することを促します。しかし、一般的にクライエントの抵抗は強いものです。そこで、セラピストは抵抗を繰り返し解釈します。この作業を**徹底操作**といいます。

7）第7段階：クライエントの洞察

　クライエントとの信頼関係が十分にできていて、クライエントの治療意欲が高ければ、クライエントが問題の原因を洞察する段階まで進めます。そして、クライエントが洞察した内容と、現実生活の現状や理想像などをすり合わせていきます。

　この結果、クライエントの問題が除去されたりパーソナリティが変化したりすると考えられています。

第7章
精神分析から分かれた考え方

　フロイトには第6章で説明したように、多くの後継者たちがいます。それ以外にも、無意識を重視して精神分析を学んだけれども、その枠組みに収まりきらず、独自の理論や方法を編み出していった人たちもいます。この章では、その代表的な人たちの考え方を紹介します。

7.1　分析心理学

(1) 概要

　ユングが提唱しました。ユングはフロイトの『夢分析』および無意識の考えに共感して精神分析を学びました。そして、後述のアドラーとともに、国際精神分析学会を創立し会長になるなど、フロイトの後継者として期待されていました。しかし、フロイトの考え方が生物的視点に偏っている、心のエネルギーは性欲以外にも広げて考えるべきなどという考え方の違いから別の道を歩みました。

　ユングが、心は意識と無意識からなると考えたことはフロイトと同じでした。しかし、後で説明する通り、無意識のとらえ方が違っていました。また、家族の不和やフロイトとの離別などの影響で精神病的体験をしたことが、理論や著作の基礎になったと示唆されています。

（2）理論

1）タイプ論

① 態度

　ユングは、人間の態度を内向と外向の2つに類型化（タイプ分け）しました。内向型は、判断基準が自分にあり、自分自身に対する関心が強いという特徴があります。外向型は、判断基準が他人や社会にあり、他人や周囲の出来事に対する関心が強いという特徴があります。

② 心理的機能

　ユングは心理的機能を思考、感情、直観、感覚という4つの心理機能を想定しました。思考は論理的、観念的に判断する機能、感情は好き嫌いで判断する機能、直観はひらめきで対象の背後の可能性を見抜く機能、感覚は今ここで、五感で感じることができるものに現実感を持つ機能です。

　思考と感情は判断機能であり、合理的な機能で説明が容易なものです。直感と感覚は知覚機能であり、不合理的で説明が難しいものです。この4つの中で、最も発達し意識的な意志決定に役立つものを優越機能といい、その対にある機能を劣等機能といいます。

　以上のように、態度の類型である内向－外向と優越機能4つを組み合わせて、個人のパーソナリティを分類できると考えます。例えば、内向－感情型とか、外向－直観型というように類型化します。

　タイプ論は、第14章のパーソナリティの問題でも説明します。

2）個人的無意識と集合的無意識

　ユングは無意識の存在を重視しましたが、無意識の構造についてはフロイトと異なる意見を持っていました。

　ユングは、意識は心の中で自分がわかっている部分であり、その中心に自我（ego）があり、自我の統制力によって意識はまとまっていると考えました。そして、意識の深層には、広大無辺の無意識の層が存在すると考え、意識は、外界とともに無意識の層からも絶えず何かを吸収して発展すると考えました。その無意識は次の2層に分かれていると考えました。

　まず、上層に個人的無意識があります。これは、生育の途上で忘却・抑圧されたものであり、個人の体験や思い出の積み重ねです。個人的無意識は、自我によって抑圧されています。フロイトのいう無意識はこの部分です。

　下層には集合的（普遍的）無意識があります。これは、個人や文化を超えて、人類が共通に持つ無意識であり、個人の心の真の基礎かもしれないとユングは考えました。

　無意識は、意識の働きを補償するためにメッセージを送っています。しかし、無意識に気づくことは難しいと考えました。そこで、無意識にアクセスする工夫が必要であると考えました。この工夫が分析心理学の技法です。

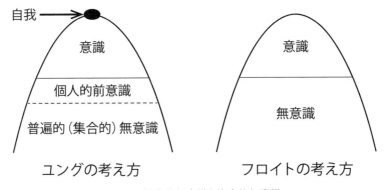

図 7.1　個人的無意識と集合的無意識

3）元型

　ユングは、集合的無意識が意識化するとき、ある種のパターンに類型化できると考えました。つまり、語りや造形を用いて無意識を表現させていると、クライエントたちが共通して表現するものがあると考えました。それらを分類してまとめたものを**元型**とよびました。

　理論的には元型はいくらでも存在するとされていますが、どれが現れるかは、クライエントの問題次第です。つまり、1つのみ現れたり、複数現れたりします。そして、元型は意識に影響を与え、イメージの源泉になるとされています。夢や空想の中に現れたり、世界各地の神話やおとぎ話を生んだりしています。代表的な元型は表 7.1 の通りです。

表7.1　代表的な元型

元　型	概　要
ペルソナ	仮面という意味 その人がいる社会が好ましいとする役割を演じている
シャドウ	影。無意識にある、自分自身で好ましくないと思っている、認めたくない自分 自分の影の部分が表に出ている人を見ると、シャドウが刺激されて感情が動く
アニマ／アニムス	アニマは男性の心の内なる女性像。アニムスは女性の心の内なる男性像。現実に好む異性像に影響を与え、恋人や夫婦など男女間の愛情を生む原点になる
グレートマザー	母親元型。育て養ってくれる面と、飲み込み束縛する面とある
老賢者	父親元型。論理、権威、秩序などを表す。迷える人を導いてくれる
トリックスター	権威や秩序を破壊する存在。いたずら者や道化師のイメージで現れる。古い秩序を壊し、新しい創造をもたらすが、無意識的に行われる
セルフ	意識と無意識の調和を図る機能を持った、超越的な存在。普通は意識されず、神仏などの姿に投影されたり、曼荼羅様の図式で現れたりする

4）無意識の働き

　ユングは、無意識は合理性・自律性を持ち、一面的になりがちな意識を無意識が補償すると考えました。そして、第一の人格と第二の人格があると考えます。第二の人格から目を背けていると、「シャドウ」になって、無意識的に好ましくない行動や感情が発生すると考えます。

　さらに、意識と無意識を含めた心の中心を、自己（self）とよびました。この自己が活性化すると、無意識による補償や人格の統合が進むと考えます。

　ところが、無意識にはコンプレックスがあります。これは、「特異で、苦痛の感情をともなう心の要素」であり、心の統合を阻むものです。解消と統合のためには、コンプレックスに向き合って対決する必要があります。

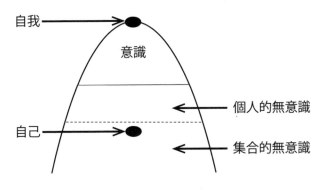

図 7.2　自我と自己

5）個性化

　分析心理学では、症状の消失や課題の解決だけではなく、ユングが個性化とよんだ自己実現の促進を重視します。個性化とは、個人に内在する可能性を実現し、対立する要素や弱点も統合していくことによって、より高次の全体性に至ることです。人は一生かけて個性化の過程を歩むと考えます。

　自己は、意識と無意識を含んだ心の全体性の中心として機能し、人生全体を統合するための役割も果たす重要なものです。

（3）おもな技法

　分析心理学に基づく心理療法では、意識と無意識とを対話させることによって、自分の内的世界を明らかにし、心の調和を図ることを目指します。

　このためには、自分の無意識を知る必要がありますが、無意識は目に見えるものではありません。そこで、分析心理学では、無意識を表現する方法として、夢やイメージを用いた面接を行ったりします。

　夢を用いる**夢分析**では、夢の中に出てきた、ある「象徴」からさまざまなものをイメージして、夢が伝えようとしている意識を超える何かを探ろうとします。夢を解釈するのではなく、夢を体験して気づいたこと（内的体験）を大切にします。

　イメージは、無意識の世界を目に見える形で例えたものです。イメージを

利用する技法の例には、箱の中に砂とミニチュアで世界を作る**箱庭療法**や、絵画や造形を用いて表現する**芸術療法**などが考えられています。

7.2 アドラー心理学

(1) 概要

　オーストリアの精神科医**アドラー**(1870-1937)はフロイトの有力な共同研究者でしたが、1911年に学術上の対立から別の道を歩んで、独自の理論と技法をまとめました。これをアドラー心理学あるいは個人心理学といいます。アドラーのいう個人 (individual) は、「分割できないもの」という意味で、人間や人間集団を部分に分けずに全体としてとらえる特徴があります。例えば、ある問題行動は、その行動だけをみるのではなく、当事者の人生における 1 つのエピソードとみて理解しようとします(森本, 2021)。

(2) 理論

　アドラーの理論は、初期は劣等感を中心に展開しました。やがて、行動の原因ではなく目的を重視する理論にまとめられました。

1) 劣等感とその補償

　アドラーは、主観的に理想と比べて自身の状態が大きく劣っていると感じることを**劣等感**としました。発達の過程で、劣等感に対処するために、劣っていると思うものを鍛えたり、代わりのものを伸ばしたり、諦めたりという選択をして自分の生き方を決めると考えました。そして、人が行動するためのエネルギーは、劣等感を**補償**（第 6 章の表 6.1 参照）することがもとになっていると想定しました。

　補償に失敗して、劣等感を強く感じたり、対人関係の中で劣等感を提示したりすることを**劣等コンプレックス**としました。

2) 目的を重視する理論

　アドラーの理論はしだいに劣等感よりも、理想状態に向かう努力を重視す

るようになりました。そうしてまとめられた理論の特徴は、目的論、全体論、対人関係論、現象学の 4 点に要約されます(野田, 2004)。

① 目的論は、行動の原因ではなく目的を重視することです
② 全体論は、人間は分割できない全体でできているととらえます。このため、身体と精神とが、フロイトのように、意識と無意識、イド・自我・超自我に分かれて内部対立するとは考えません
③ 対人関係論は、個人の精神内界よりも、対人関係や個人と環境の相互作用を重視することです
④ 現象学は、客観的事実そのものよりも、客観的事実をどのように認知するかという主観的な意味づけを重視することです

(3) おもな技法

　治療技法は、1 対 1 の閉鎖的な面接よりも、集団での援助を中心としています。例えば、複数の援助者が同時に臨席する多重カウンセリング、複数のクライエントを同時に面接する集団カウンセリング、面接を聴衆に公開して行う公開カウンセリングなどがあります。

　治療目標は、実生活上の問題解決とパーソナリティの成長のどちらも大事にします。そして、問題解決のために行動への積極的な助言を行います。さらに、セラピストとクライエントは対等であるとして、お互いを尊敬し信頼する関係を前提に援助を行います。

7.3　ゲシュタルト療法

(1) 概要

　ゲシュタルト療法は、ドイツ生まれの精神科医**パールズ**(1893-1970)が創始した心理療法です。パールズはもともと精神分析を学び、南アフリカで活動していましたが、その考え方が精神分析の学界には受け入れられず、独自の道を進むことになりました。50代でアメリカに移り、エンカウンター・グループやセンサリー・アウェアネスを広げたカリフォルニアのエサレン研究所で研修を行うなどの活動をしました。

　パールズが教えを受けた人としては、ゲシュタルト心理学者のゴールドシュタイン、実存哲学者のブーバー、精神分析家のライヒ、フェニケル、ホーナイがあげられています。また、影響や接触があった人物として、フロイト、ユング、ランク、アドラーもあげられています(丹野, 2015; 國分, 1980; Zeig, 1987)。

　パールズの考え方は、第9章で紹介するロジャーズと同じく**人間性心理学**のパラダイムに含まれています。

(2) 理論

　ゲシュタルトとは、「形」「全体」「統合」という意味のドイツ語です。そして、ゲシュタルト療法に影響を与えたゲシュタルト心理学は、20世紀の初頭にドイツでおこった学派で、知覚の現象を説明するものです。具体的には、次の2点を重視します。

1) 図と地

　何か見えるときに、背景から浮き上がってまとまった意味のある形として知覚された刺激を「図」といい、背景の中に混ざっている刺激を「地」といいます。つまり、知覚とは、ある刺激の中から何か意味のあるものを選んで、地と図を分離することです。自分が注目しているものが図になり、他のものは地として注目しなくなります。

　この図と地が、見る人によって入れ替わりやすい図形の例が図7.3です。

図 7.3　図地反転図形の例 （Rubin, 1921）

　ゲシュタルト療法では、人間の欲求や感情も図と地で説明します。例えば、2つの欲求が同時に生起した場合には、より高次なものや必要に迫られたものが図として認知・選択されます。それが満たされたり不可能という結論になったりすれば、もう1つの欲求の方が図となります。これを**図地反転**といいます。

　ただ、失恋や志望校不合格のような強いショックを受けた場合、この図地反転が起きずに、かなわなかった欲求しか見ることができなくなることもあります。ゲシュタルト療法では、このようなときでも自分の経験の別の一面も見ることで、視野を広げることを目指します。

2）気づき

　気づきとは、「今、ここで」自分の身体の内外で起きていることを感じ、意識することです。クライエントがあることを話したり考えたりしたときに、自分の呼吸の様子、声の調子、顔の表情のような非言語的コミュニケーションや、手が緊張しているというような身体感覚に注意を向けさせます。

　このように、ゲシュタルト療法では「今、ここで」の体験を重視します。仮に過去のテーマを扱っても、そのことを思い出している「今、ここで」何が起きているかに注意を向けます。精神分析のような言葉や解釈ではなく、体験したことから何に気づくかを大事にします。

3）目指すもの

　ゲシュタルト療法では、2つ以上の欲求が競合して選択できない状態を、不統合の人格像とします。

　不統合の人格の例として、「**未完結のわだかまり**（unfinished business）」があります。これは過去の出来事で、完結していない経験や心残りのことを指します。精神分析の抑圧に近い概念です。

　不統合状態から、自分の欲求が何かを「図」として認知して、コンタクトしたり関わったりできる状態を目指します。すなわち、図地反転を行える状態にある「統合を志向する人格」になることを目指します。

（3）おもな技法

　上記のような統合を志向する過程は、クライエント自身の気づきによって促進されると考えます。具体的には、「気づく → 気づきを言語化する → それにコンタクトする」という過程を経ると考えられています。

　この過程を促進するために、セラピストはクライエントに関わります。その具体的な手段として、技法が用意されています。以下で、その代表例を紹介します(倉戸, 2004; 國分, 1980)。

1）ホット・シート

　2つの椅子を用意して、クライエントには一方の椅子の上に他者や自分自身が座っていることをイメージさせてクライエント自身をもう一方の椅子に座らせて対話させます。例えば、「小学生のときに自分をいじめた相手」「3 歳頃の父親」「A という考えの自分と B という考えの自分」などということをイメージします。

　椅子の上のイメージとの対話によって、未完結の経験を完結したり、自らの欲求や感情に気づいたりすることを目指します。

　エンプティ・チェア技法ともいいます。

2）ボディ・ワーク

　自分の内面は象徴的に身体に現れると仮定して、クライエントをそれに関わらせます。このために、自分の身体の中で違和感が生じている部分がどこにあるかを、続いてその違和感のイメージを言語化させます。

【例】あるケースでのやりとり

セラピスト：　「今、話をしていて、身体のどこかに違和感がありませんか？」

クライエント：「両肩に薄い膜がべったり覆いかぶさったようになって辛いです」

セラピスト：　「その部分に口があったらなんというでしょう？」

　このやり取りでは、擬人法を使った質問をして、身体の違和感が象徴する内面に気づかせたり、それを言語化させたりしています。

3) 実験

　クライエントが普段しない行動や発言を、面接の中で実験的にやらせてみる方法です。例えば、「その場面で最悪の言い方を言ってみてください」などということです。この結果、クライエントに自分がどういう経験をしたのか、どんな気づきが得られたかなどを尋ねていきます。

4) ファンタジー・トリップ

　イメージの世界に誘導して、その中で老賢者や書物に出会わせます。そして、イメージの中で出会ったものと対話をしたり助言を得たりすることで、自分の中にある可能性などに気づかせる技法です。

5) 夢のワーク

　パールズは 7.1 節で紹介したユングの夢の概念を発展させて、見た夢を「今、ここで」演じさせて、登場人物や事物になってみさせました。これにより、クライエントが夢とコンタクトをとり、自分自身の気づきや他者との関係を生み出すことができると考えます。

7.4　交流分析

(1) 概要

　アメリカの精神科医**バーン**(1910-70)によって提唱されました。バーンはエリクソンの分析を受けて精神分析家として活動していた時期もありました。しかし、学界で自説が受け入れられず、独自の道を進みました。
　交流分析では、人の心の構造を、親の心 (P)、大人の心 (A)、子どもの心 (C) という 3 つから成り立っているものと考えます。そして、P、A、C の強さが個人ごとに違うことが、パーソナリティの違いとなって現れると考えました。

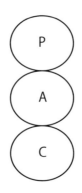

図 7.4 交流分析の性格構造

　そして、P（CP と NP）・A・C（FC と AC）の働きの強弱を、棒グラフなどで
図示することで自己分析を行う**エゴグラム**が、アメリカの精神科医デュセイ
(1935-)によって開発されました（図 7.5 参照）。エゴグラムは、**東大式エゴグ
ラム**などのパーソナリティ検査にも利用されています。

CP（批判的な親）：信念に従った行動。批判的

NP（養育的な親）：思いやり。優しさ。受容的

A（大人）：事実に基づいて検討・判断する。冷静さ。客観的

FC（自由な子ども）：欲求や感情に従った行動。明るさ。無邪気

AC（従順な子ども）：自分の感情を抑えて他人に良く思われようとする

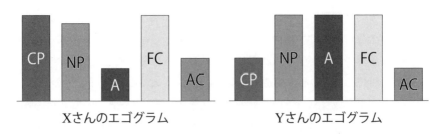

図 7.5 エゴグラムの例

（2）おもな技法

　人の間に起きている「やりとり（交流）」のパターンを分析して、クライエントの不適切な交流パターンを解消することを目指します。適切な交流とは、相手に伝えたいメッセージが本音と食い違わずに表に出ている状態です。これに対して、不適切な交流とは、表現と本音に食い違いがみられ、本当に伝えたいことを表に出さない状態です。これを裏面的交流といいます。

　さらに、交流パターンの中で、表の交流と裏の交流という二重構造が習慣化して、不快で非生産的な結果が起こるパターンを**ゲーム**と定義して、その解消を目指します（図 7.6 参照）。

　他に、個人が推し進めている人生プランを脚本と定義します。そして、その内容を分析してより良い生き方を目指す**脚本分析**を行います。

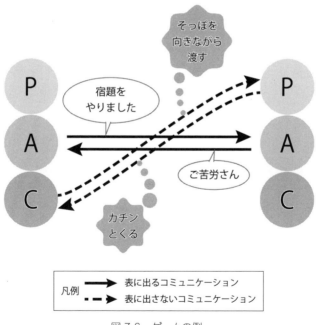

図 7.6　ゲームの例

第**8**章 学習理論と行動療法

　学習とは、自身が置かれた環境の中で、同一のあるいは類似した経験を繰り返した結果生じる比較的永続的な行動の変化をもたらすものです。感覚的順応、疲労、怪我、病気、薬物、加齢などによって起こる変化は含みません。行動に占める学習の役割は、高等動物ほど大きくなります。

　この章では、学習の仕組みとそれを利用した心理療法である行動療法についてみていきます。

8.1　条件づけ

　条件づけとは、訓練や学習の基本的形式のことをいい、条件反応（条件反射）の形成とその過程を総称したものです。

(1) 古典的条件づけ（レスポンデント条件づけ）
1）概要
　古典的条件づけは、レスポンデント条件、パヴロフ型条件づけともいいます。この条件づけでは、無条件刺激に反射的に生じていた無条件反応を、無条件刺激とともに、ある特定の刺激である条件刺激を対にして提示することを繰り返すことで、条件刺激だけ提示しても無条件刺激に起きる反応と同じ反応が起きるようにします。条件刺激に対して起きる反応を条件反応といいます。

2）実験例
　ロシアの**パヴロフ**(1849-1936)による犬の唾液分泌条件づけの実験（図 8.1 参照）や、アメリカの**ワトソン**(1878-1958)らによるアルバート坊やの実験（図

8.2 参照)などがあげられます。

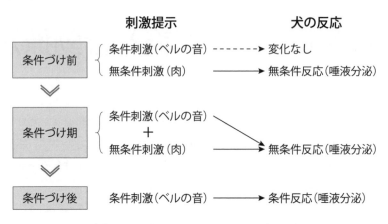

図 8.1 パヴロフの実験による犬の古典的条件づけの成立過程

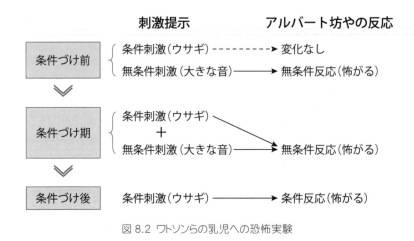

図 8.2 ワトソンらの乳児への恐怖実験

3）条件づけの成立

　条件刺激と無条件刺激を一緒に呈示することで、条件反応が強まることを
強化といいます。条件づけ期に無条件刺激と条件刺激を同時に提示すると（**同
時条件づけ**）、条件づけが成立しやすくなります。一方、無条件刺激を提示し
てから時間を空けて条件刺激を提示すると（**逆行条件づけ**）、条件づけが成立
しにくくなります。

4）条件づけの消去

条件づけが成立した後に、条件反応を消去する手続きを**制止**（抑制）といいます。このうち、条件刺激と同時に他の強い刺激を与えることで、条件反射が起こらなくなることを外制止（外抑制）といいます（例：音が鳴ると同時に電球が点灯する）。一方、無条件刺激なしに条件刺激だけを繰り返し呈示して、条件反応を弱めて消去が起きることを内制止（内抑制）といいます（例：音が鳴っても餌が出ない）。内制止には条件制止や延滞制止も含まれます。

しかし、ある程度の時間が経過すると条件反応が自然に回復することがあります。これを脱制止といいます。

（2）道具的条件づけ（オペラント条件づけ）

1）概要

生体の反応のうち、後に続いて起こる環境の変化の影響を受ける行動のことを、**オペラント反応**といいます。オペラント反応が起こるようになる過程のことを、**オペラント条件づけ**といいます。アメリカの**スキナー**（1904-90）が、その仕組みをまとめました。

オペラント条件づけの手続きでは、特定の自発的行動が起こるたびに、それに続いて繰り返し報酬と罰（賞罰）を与えることで、行動の生起率を高めようとします。これを**強化**といいます。

自発的行動に賞罰を与えないと、徐々に生起率が下がり行動が起きなくなります。これを**消去**といい、消去が起きる手続きを内制止といいます。

2）報酬と罰

強化の際に与える報酬と罰（賞罰）を**強化子**といいます（表8.1参照）。ある反応が継続的に起きる習慣が生まれることに、強化子は大きく影響します。

賞罰のように外からの働きかけで生まれるやる気を**外発的動機づけ**といいます。一方、外からの影響は関係なく、知的好奇心などにより自分の内から湧いてくるやる気を**内発的動機づけ**といいます。

表 8.1　賞罰（強化子）の例

種　類	報　酬	罰
お金・物	お小遣い。賞金。おやつ。プレゼントする	罰金。食事やおやつ抜き。物を取り上げる
言葉がけ	ほめる。ねぎらう	叱る。バカにする
態　度	頭をなでる。笑顔	叩く。怖い表情
仲　間	仲間に入れる	仲間外れにする

3）実験例

　オペラント反応の例として、スキナーの実験があげられます。スキナーは、**スキナー箱**と呼ばれる動物の学習実験の装置を開発し、多くの研究成果をあげました。具体的には次の通りです（図 8.3）。

第1段階	被験動物（ネズミなど）を入れた箱の中に、レバー（キー）がある
第2段階	レバーを押すと、エサや水等の報酬が与えられる仕組みになっている
第3段階	被験動物はじっと静止していない限りは、レバーに触れる機会がある
第4段階	レバーを押せば報酬が得られることを学習する

学習前　　　　　　　　　　　　　　　　**学習後**

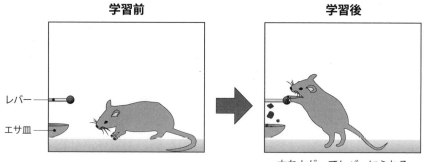

立ち上がってレバーにふれる

図 8.3　スキナー箱による学習の例

　このように、レバーを押すという自発的行動（オペラント反応）に、報酬という強化子をつけます（随伴させます）。すると、強化子がないときよりも自発的行動の生起率が上昇します。これを、オペラント条件づけといいます。

（3）シェイピング法

　すぐに目標とする行動が起きない場合は、それに近い行動が起きれば強化を与えることで、目標行動に近づけていく方法があります。これを**シェイピング法**といいます（図 8.4 参照）。シェイピング法は行動療法にも用いられます。

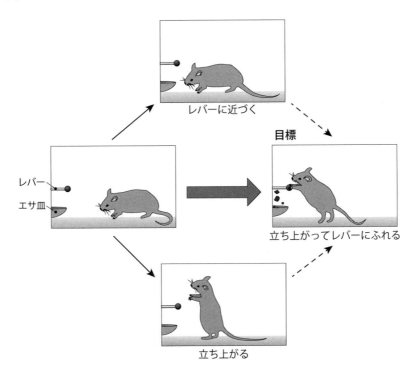

目標の通りでない行動の「レバーに近づく」や「立ち上がる」
にもエサを与えることで目標行動に近づける

図 8.4　シェイピング法の例

1）強化スケジュール

オペラント条件づけにおける強化の与え方は、**連続強化**と**部分強化**に分けることができます。

連続強化は、全ての反応に強化を与えることです。行動と強化の関係が明確になるため、条件づけの成立が速いとされます。一方で、強化を与えなくなると、条件反応の消去が起こりやすいとされます。

部分強化は、反応に対して強化を与えたり与えなかったりすることです。行動と強化の関係が、連続強化ほどは明確でないため、連続強化に比べて条件づけが遅いとされます。一方、部分強化で訓練した行動は、連続強化での訓練よりも条件反応の消去が起こりにくいとされます。これを**部分強化効果**といいます。

2）強化スケジュールの種類

部分強化は長い期間でみると、強化する反応におよその規則や確率があります。どのような反応を強化するかの規則を、スキナーは**強化スケジュール**と呼びました。基本的な強化スケジュールは次の4種類です(浜村, 1994c)。

① 定率（fixed ratio；FR）

一定の反応回数ごとに強化を与えます。このスケジュールでは、学習者は作業を始めると一気に行って、反応が一定数に達するまではがんばります。しかし、達すると反応休止が起こります。例えば、歩合給が該当します。

② 変率（variable ratio；VR）

ある反応回数ごとに強化を与えます。つまり、強化が与えられる回数が不規則です。このスケジュールでは、学習者の反応率が高く、消去に移ってもなかなか反応がなくなりません。例えば、ギャンブルが該当します。

③ 定時隔（fixed interval；FI）

前の強化から一定時間経過した後に起きた最初の反応に強化を与えます。このスケジュールでは、学習者の強化直後の反応は少ないですが、時間が経過すると反応率が上がっていきます。例えば、固定給が該当します。

④ 変時隔（variable interval；VI）

　前の強化からある時間（不規則）が経過した後の最初の反応に強化を与えます。学習者の反応率はほぼ一定です。例えば、魚釣りで当たり（魚が針のついたエサを口でつつくこと）がくることが該当します。

　なお、4つの強化スケジュールで反応が起きた数の累積を比較すると、変率＞定率＞変時隔＞定時隔の順番になり、変率への反応が最も多くなります。

8.2　般化・弁別・定位反応

（1）般化

　古典的条件づけを訓練した後で、条件刺激と類似した刺激を与えると、条件反応が起こりやすくなります。これを**刺激般化**といいます。例えば、白い犬に手を噛まれて以来、白い毛の動物全てが怖いということが該当します。

　また、意味が近い言葉（同義語）や正反対の意味の言葉（反義語）に条件反応が起こることを**意味般化**といいます。年齢が進むと、同音語への刺激般化より同義語への意味般化の方が見られるとされています(浜村, 1994b)。

　条件反応だけではなく、条件反応に類似した反応への生起率が増大することを、**反応般化**といいます。なお、般化はオペラント条件づけでも起こります。

（2）弁別

　弁別とは、類似した反応を別々の反応として区別することです。つまり、弁別は般化と正反対のことです。そして、弁別ができるようにする手続きを**分化**といいます。

　例えば、オペラント条件づけでは、スキナー箱のレバーを強化子が与えられるレバーと与えられないレバーを弁別することを学ばせるために、レバーの色や形を変えたりします。このように、強化の有無を判断する手掛かりになる刺激のことを**弁別刺激**といいます。

(3) 定位反応

定位とは、生物が空間の中で、自分と他のものとの位置関係を知覚することをいいます。例えば、部屋の中でテレビを見ているときに、音がどこから聞こえてくるのかわかっていることや、生物が自分の住処までの経路をスムーズにたどれることがあげられます。

その場にそれまでなかった刺激に対して反応（反射）することを、**定位反応（定位反射）**といいます。パヴロフが発見しました。

8.3 観察学習

(1) 概要

他者（モデル）の行動を観察することで新しい反応が獲得されたり、既存の反応が修正・除去されたりすることを**観察学習（モデリング）**といいます。

最も基礎的な観察学習を模倣反応といいます。これは、モデルの行動をそのまま真似することで、乳幼児や動物にも見られます。

発達段階が進んだヒトでは、直接的に行動を見せるだけでなく言葉で教示をすることで、自分の頭の中でイメージや思考をして、行動の獲得や修正が起きることがあります。

(2) 観察学習の仕組み

観察学習の検討と理論化は、アメリカの心理学者**バンデューラ**(1925-2021)の研究が有名です。バンデューラは観察学習を、注意、保持、運動再生、動機づけの4段階に分類しました。

① **注意**：モデルの行動のある特定の部分に注意する
② **保持**：注意した特定の動作を覚える
③ **運動再生**：保持した行動を自分で再生できる
④ **動機づけ**：観察して覚えたことをやってみる

動機づけには強化が影響します。観察して覚えたことを実行したときに、直接的に強化子を与えられると強化が起きます。それ以外にも強化が起きる

方法があります。

　まず、モデルがある反応をした際に報酬や罰を与えられることを観察することが、観察した人の行動に影響を与える場合を代理強化といいます。

　そして、報酬や罰を与えられたり観察したりしなくても、ある行動が上手に実行できたり楽しいと思えたりすることがその行動を維持したり強めることがあります。これを自己強化といいます。

（3）観察学習の例

　バンデューラは、3〜6歳の子どもたちに大人（モデル）の行動を映画で見させて観察学習をさせる実験を行いました。この実験では、子どもたちを 3 つのグループに分けて、それぞれ異なる映画を見せてその後の行動を比べました。具体的には次の通りです。

　　1 ）映画の前半：全てのグループに同じ映画を見せました。その内容は、モデルが等身大の風船人形にさまざまな攻撃行動を加えるものでした。

　　2 ）映画の後半：グループごとに異なる内容の映画を見せました。その内容は下記の通りです。

　　　① グループ 1 ：男性がモデルにお菓子や誉め言葉を与える
　　　② グループ 2 ：男性がモデルに罰を与える
　　　③ グループ 3 ：モデルが風船人形を攻撃したシーンのみで終わる

　映画を見終わったら、子どもたちを映画に出てきた風船人形やその他の遊具がある部屋に案内して行動を比べます。すると、グループ 2 の子どもは、グループ 1 および 3 の子どもに比べて遊びの中での攻撃行動が少ないという結果でした。

8.4　行動療法の概要

(1) 概要

　行動療法は、問題や症状の理解や治療に**学習理論**を適用して、行動を修正させるための理論や技法を総称したものです。精神分析のように1人の創始者によるものではなく、例えば**ワトソン**などの何人もの研究者による行動に関する実験や研究、それらを基礎にする理論や技法を臨床に導入したものを、**アイゼンク**や南アフリカの精神科医**ウォルピ**(1915-98)などが、統一された援助方法の概念としてまとめていったものを指します。

　その特徴は、大まかには次の3点にまとめられます。

① 問題は表に出る「行動」ととらえます
② 具体的には、非生産的・不合理な行動を誤って学習した結果が、問題（行動）であると考えます
③ 治療は、学習理論に基づいて、非生産的・不合理な行動を抑制や除去、新しい行動（習慣）を獲得することを目指します

　つまり、不適応行動は、正しいやり方を知らないから起こると考えて、やり方を教える（学習させる）ことが援助になると考えます。

(2) S-R の図式

　行動療法初期は、心の動きを観察可能な行動から推論しようとして、行動を「刺激（S：Stimulus）－ 反応（R：Response）」の図式から理解しようとしていました。図 8.5 のように、ある刺激（S）に対して、個人の反応（R）が起こり、それに何らかの結果（C：Consequence）が生まれると考えました。

　そして、ある問題が維持され続けるのは、刺激と反応の連鎖が生じているからと考えて、その仕組みを分析し、介入していくことを目指しました。

図 8.5　刺激反応図式

（3）認知理論の取り入れ

　やがて、**バンデューラ**の**社会的学習理論**によって、刺激と反応との間に、個人の解釈や予期のような直接的に観察できない認知概念が入ることを想定、重視されるようになりました。こうした認知概念のアセスメントや、適応する問題の理解に認知理論を取り入れることで、**認知行動療法**へと発展していったと考えられています。

8.5　行動療法の技法

　行動療法には、条件づけや観察学習に基づくさまざまな技法があります。その中の代表的なものを紹介します。

（1）古典的条件づけ理論による技法

① 系統的脱感作

　系統的脱感作は、古典的条件づけ理論に基づく技法です。**ウォルピ**によって提唱されました。不安や恐怖反応と一緒に、それらと両立しない弛緩（リラックス）状態を同時に引き起こす（脱感作、逆制止）ものです。この手続きを段階的（系統的）に行います。

　不安反応は交感神経の活性化によるもので、弛緩状態は副交感神経の活性化によるものなので、両立しません。これを利用して、不安や恐怖で緊張状態になっている身体を、弛緩させて楽にさせることで、不安や恐怖を軽減・消去しようとします。具体的には、表 8.2 の 5 段階の手続きを不安の程度が最高の場面まで繰り返し行います。

表 8.2　系統的脱感作の手続き

第 1 段階	弛緩状態になるためのリラクゼーション法（表 8.3 参照）を習得させます
第 2 段階	不安が生じる対象や場面をリストアップし、不安階層表を作成します。そして、不安に点数をつけさせます（表 8.4 参照）
第 3 段階	弛緩状態に誘導しながら、不安階層表のうち、最も不安の程度が低い場面をイメージさせます（脱感作）
第 4 段階	第 3 段階で不安や恐怖が生じたら、再度弛緩状態に誘導したうえで、不安を感じる場面や対象のイメージを繰り返します。そして、必ず克服したうえで、次の場面に進みます
第 5 段階	不安や恐怖が起こらなくなったら、不安の程度が高い段階での脱感作を行います

表 8.3　リラクゼーション法の例

技 法	内 容
漸進的筋弛緩法	1930 年代にジェイコブソンが開発した方法です 筋弛緩により大脳の興奮を低下させることで、不安を軽減させます。クライエントが自分の力で筋肉を収縮させることで、能動的に緊張と弛緩を繰り返し練習して、リラックスの感覚を学習します 上肢、下肢、腹筋、背筋 … というように、各部位の練習をしていきます
バイオフィードバック法	心拍数、発汗、血圧、体温、筋肉緊張度などの自律神経系の生理指標や脳波を、電子機器によって映像、音、数値にして、クライエントにフィードバックします。それらの数値などを望ましい状態にコントロールする方法を学習します
自律訓練法	シュルツが開発した方法です 第 11 章にある手順（標準公式）に基づいて自己暗示の言葉を唱えることで、リラックス状態を手に入れます
呼吸法	ゆっくりとした腹式呼吸をすることで緊張を解きます。吸う＝緊張、吐く＝弛緩なので、例えば 4 秒吸って 6 秒吐くというように吐く時間を長くします

表 8.4　不登校児に用いる不安階層表の例

場　面	SUD
1．登校の支度をする	40
2．玄関まで行く	50
3．家の外に出る	60
4．最初の角まで行く	70
5．校門まで行く	80
6．昇降口まで行く	90
7．教室に入る	100

（注）SUD：Subjective Units of Distress（自覚する不安や恐怖の強さの単位）

② エクスポージャー（曝露）法

　人は不安や恐怖が生じないように、また軽減するように、不安や恐怖につながる状況から回避することを学習してしまうことがあります。エクスポージャー法では不安階層表を作り、点数が低い条件刺激（不安を生む刺激）から順番に触れさせます。そして、初めは不安を感じるけれども、時間の経過とともに不安が和らぐことを体験させます。

　低い刺激で不安が軽減したら、次はより強い条件刺激に触れさせます。この繰り返しによって、古典的条件づけの原理で回避学習を**消去**していきます。

（2）オペラント条件づけ法による技法

　オペラント条件づけ理論に基づく技法です。報酬（ご褒美）あるいは罰を与えることで、行動を起こさせたり、止めさせたりする方法です。

　このような正の強化法および負の強化法以外にも、例えば次のような方法を行います。

① トークンエコノミー

目標とする行動をすることができたときに、シールなどのトークン（ご褒美）を与えます。トークンが所定の数貯まると欲しいものがもらえたり、やりたいことを許可されたりします。強化スケジュールの**定率強化**を応用したものです。

② タイムアウト法

問題行動を消失させるために、問題行動が起こる場面からクライエントを引き離すという形の**罰**を与える方法です。例えば、他者への攻撃行動が起こらないようにさせるために行われます。

③ シェイピング法

目標反応が生じにくいときに、目標反応に近い、より簡単な反応から少しずつ条件づけていく方法です。例えば、自動車教習所でいきなり路上に出て運転をさせるのではなく、まずは教習所内で停車したまま自動車の操作法を教えるように、段階的により高度な技能を学習させます。

④ プロンプティング法

オペラント条件づけを行う際に、簡単な補助や手がかり、ヒントなどを与えて、目標とする行動が正しく遂行できるように促す方法です。

⑤ 応用行動分析

スキナーの考え方から派生した技法です。先行刺激、行動、後続事象の三項の時間的・確率的関係である、三項強化随伴性のアセスメントをもとに支援を行います。例えば、表8.5のように問題状況を当てはめます。

このアセスメントをもとに、欲しい後続事象（C）を得るための行動（B）を社会的に望ましく、本人にもメリットがあるものに変える介入を行います。また、TEACCH（ティーチ）やペアレント・トレーニングにも、応用行動分析の考え方が取り入れられています。

TEACCHは、自閉スペクトラム症の人の特性を尊重したうえで、社会への

共生を助けるトレーニングです。ペアレント・トレーニングは、注意欠如・多動症（AD/HD）の子を持つ親が、子どもへの理解を深めることを助けるトレーニングです。

表 8.5　応用行動分析のアセスメントの例

先行刺激（A）	行　動（B）	後続事象（C）
授業中に難しい課題を出された	席を立って騒いで回る	課題に取り組まずにすむ

（3）観察学習理論による技法

　観察学習理論に基づく技法には、**モデリング法**があります。他者の行動を見せることで、クライエントの思考、態度、行動に刺激を与える方法です。具体的には、望ましい行動を直接あるいは映像で見せて、学習者がそれを模倣することによって適応行動を習得させます。この他に**行動リハーサル**と**ロールプレイ**（役割演技）があります。

　行動リハーサルは、セラピストとクライエントの間でストレス対処などの行動を試行させます。クライエントは、セラピストの肯定的かつ具体的なフィードバックを受けて、行動を調整します。

　ロールプレイは、行動リハーサルに含まれるもので、場面や役割を設定して、複数の人が演じることで、その場面や役割を疑似体験します。疑似体験を通して、ふさわしい行動や他者からの見え方に気づきます。

第**9**章
クライエント中心療法

　カウンセリングという言葉からは、「人の話をよく聴く」というイメージが持たれます。このようなイメージを生む代表的なものに、ロジャーズの実践と理論があります。この章では、ロジャーズが何のために人の話に耳を傾けることを行い、その結果何が起こると考えたかなどを説明していきます。

9.1　ロジャーズの理論

(1) ロジャーズとは

　クライエント中心療法を提唱したのは、アメリカの臨床心理学者**ロジャーズ**(1902-87)です。ロジャーズは、児童虐待防止協会の児童相談研究施設での児童相談、大学や研究所などで臨床活動を行いました。そして、臨床の経験とその体系化から、人格理論の構成や、心理療法の開発および実証的研究を行いました。

　ロジャーズは、援助を受ける人を患者ではなくクライエントとよび、「自発的に援助を求める人」ととらえました。そして、ロジャーズは医師でない者が、体系的に心理療法を行うことができる道筋を作ったとされています。また、ロジャーズは、児童相談を行う中で精神分析には疑問を持ったとされますが、オーストリアの精神分析家ランク(1884-1939)の影響は受けています。

　ロジャーズの考え方は、心理療法の一流派に留まらず、心理療法やカウンセリング全般に適応できるものとして提示されました。また、個人面接だけでなく、人間関係や集団への支援、教育への適用なども行われました。

（2）人の心のとらえ方

　ロジャーズの理論では、人の心のとらえ方や治療の方針を、次のように考えています。

　まず、個人の内部には、成長・健康・適応のための資源があると考えます。そして、適応の知的な面よりも情緒的な面を強調します。また、過去の出来事（トラウマや生育歴）よりも、現在の直接の場面を重視します。さらに、治療的関係それ自体が、成長の経験であると考えます。

　ロジャーズは、人間は自分の内部に自己像（概念、理解）や行動を変える大きな資源を持っていると考えました。セラピストが、クライエントの持つ成長可能性が十分に開花するような場を提供すれば、クライエントは自然に心理的成長を遂げると考えました。また、クライエント個人の体験的世界がどのようになっているかに沿って援助を行いました。

（3）人間性心理学

　ロジャーズの考え方は、**人間性心理学**というパラダイムを基盤にしたものです。人間性心理学は、人間一人ひとりは本来健康で「自己実現」を目指して成長すると考えます。そして、精神病理は、自己実現傾向が阻害された状態と考えます。

　人間性心理学は、1960年代に、ロジャーズ、マズロー、パールズ、ロロ・メイらによってアメリカで生まれたものです。この時代のアメリカでは、ベトナム戦争、人種差別、学生運動などが社会問題になりました。

　源流には20世紀初めのヨーロッパで起きた、キルケゴール、ニーチェ、ハイデッガー、ヤスパース、マルセル、サルトルらの実存主義哲学や、ビンズワンガー、ボス、フランクルらの実存的精神医学があります。ロロ・メイがこれらをアメリカで発展させて、人間性心理学につなげました。

（4）自己理論

　ロジャーズは、心の問題（不適応状態）は、**自己概念**（自分の考え方）と**経験**の矛盾を意識に取り入れられず、やり方がパターン化することによって起こると考えました。図9.1はこのような矛盾を図示したものです。

　図 9.1 の左側の領域を「歪曲」といい、実際は経験していないけれども、そうだと思い込んでいる自己概念のことを指します。

　一方、右側の領域を「否認」といい、実際に経験したけれども、自己概念と合わないために無視されている経験のことを指します。

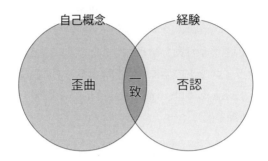

図 9.1　自己概念と経験の関係

　ロジャーズは、不適応状態と適応状態を図 9.2 のように図示しました。図 9.2 の左側よりも、右側のように自己概念と経験の一致する範囲が広いほど適応している状態であると考えます。

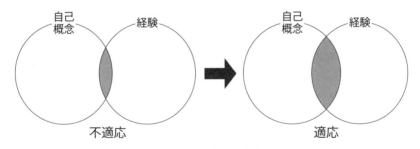

図 9.2　適応と不適応

(ロジャーズ著、保坂ら訳, 2005 より)

9.2 ロジャーズの実践の展開

(1) 第1期：非指示的療法（1940年代）

　ロジャーズは、従来の意見や忠告を与える相談のあり方を「指示的」であると批判して、意見や忠告を与えないことを強調した「非指示的」なアプローチを提案しました。これは、クライエントが制約なしに話をすることで感情を解放し、自分の感情や行動を洞察することを助けるためでした。

　具体的には、クライエントの話に強制や解釈をせずに、受容的な態度を取ります。そして、技法としては、「簡単な応答による受容」や「感情の反射」を行いました（9.4節参照）。

(2) 第2期：クライエント中心療法（1950年代後半まで）

　「非指示的」という言葉は、「クライエントの発言をおうむ返しのように繰り返すだけ」という批判や誤解を生んだので、「クライエント中心」という用語を使うようになりました。

　自己理論（自己概念と体験の一致／不一致など）やパーソナリティ変化の必要十分条件などのロジャーズの理論の主要な考え方が、この時期に完成しました。また、援助の効果測定を試みました。

(3) 第3期：体験過程療法（1950年代後半から1960年代後半まで）

　統合失調症のクライエントに行った援助から、非言語的方法も重視してクライエントの「体験過程」に焦点を当てるようになりました。そして、大学の同僚でアメリカの**ジェンドリン**(1926-2017)とともに**フォーカシング技法**を開発しました。

　体験過程とはfeelingであり、思考されたり、知らされたり、言語で表現されるものではありません。今ここで感じたものを、概念化（言語化や意味づけ）していく過程、つまり照合（注意を向けること）を重視します。

　また、セラピストのリアルネスや純粋さの重要性が認識されるようになりました。

(4) 第4期：パーソン中心アプローチ（1960年代後半以降）

この時期、ロジャーズの関心が、世界平和や人種間、国家間、文化間の緊張緩和への取り組み（例：北アイルランドや南米での実践）にシフトして、活動が心理療法に留まらなくなりました。そこで、ロジャーズの理論と実践を「パーソン中心アプローチ」とよぶようになりました。

そのための方法として、**エンカウンター・グループ**を用いられました。この方法は、心理療法を必要としない、健常な人々の人間的成長の促進を目指したものです（9.4節参照）。

(5) ロジャーズ以後の展開

ロジャーズから学んだ人たちは、次のようにその考えや実践を発展させました。例えば、児童心理学者のアクスラインは子どもへの遊戯療法に応用しました。ジェンドリンは前述のフォーカシングを独自に発展させ、娘のナタリー・ロジャーズは表現アートセラピー、プルーティはプリセラピーをそれぞれ提唱しました。

9.3 援助によって起きること

(1) 自己像と行動像の変化

ロジャーズは、自身の面接記録を、クライエントの「自己像」と「行動像」に分けて分析しました。クライエントは、自分の行動像の問題（例：自分がなすべきこと、やりたいことができない）を語ることが多いのですが、その際に自己像にも問題が生じています（例：自分がわからない、何が起きているか気づいていない）。

そこで、まずは自己像の把握と理解に焦点を当てます。ロジャーズは自らの臨床経験から、面接により自己像が変化すると、その変化に応じて行動像も変化するとしました。クライエント中心療法では、クライエントの行動を変えるような指導をするのではなく、自己像の変化によってクライエント自身で行動を変えることを目指します。

（2）援助の過程による変化

　ロジャーズは、心理療法で面接が進むにつれて、クライエントが変化する様子を把握する方法を提案しました。これを過程尺度といいます。心理療法の過程を7段階に分けていて、クライエントをこのうちのどこかの段階に位置づけます。心理療法が進むと、思考や行動が硬直したものから変化や流動性に富んだ自由なものになると考えます。具体的には次の通りです。

　自分自身の感情、体験、不一致、問題の認識がない状態からある状態になります。そして自分のものとしてそれらを受け入れるようになります。自己や感情を表に出さない状態から、外に出して伝えるようになります。そして、体験の解釈は硬いものから柔軟なものになります。他者との関係は危険なものとして避けるところから、自由に関係を持てるようになります。

　7段階の過程を低・中・高の3段階に簡略化したものが表9になります（ウォーカーら, 1960）。表9のストランズとは、元の意味は「より糸」です。7つの独立したストランド（元の意味は糸。要素や流れという意味）が、心理療法が進むにつれてしだいにより合わされていき、個々のストランドの特徴が区別しがたい1本のより糸のようになる、ということを表現するために用いられました(伊藤, 1966)。

表 9　一般的過程連続線の図式（ウォーカーら, 1960 より）

ストランズ (strands)	過程の段階		
	低（Ⅰ～Ⅱ）	中（Ⅲ～Ⅴ）	高（Ⅵ～Ⅶ）
感情と個人的意味づけ (feelings and personal meaning)	認められない 表出されない	自分のものであるという感じが増大する 表出が増大する	流れの中で生きる 十分に体験される
体験過程 (experiencing)	体験過程から遠く離れている 意識されない	遠隔感が減少する 意識が増大する	体験する過程の中に生きる 重要な照合体として用いられる
不一致 (incongruence)	認識されない	認識が増大する 直接的体験過程が増大する	一時的にだけある
自己の伝達 (communication of self)	欠けている	自己の伝達が増大する	豊かな自己意識が望むままに伝達される
体験の解釈 (construing of experience)	構成概念が硬い 構成概念を事実としてみられる	硬さが減少する 自分自身で作るものという認識が増大する	一時的な構成概念 意味づけが柔軟で、体験過程に照合して検討される
問題に対する関係 (relationship to problems)	認識されない 変えようとする要求がない	責任をとることが増大する 変化することを怖がる	問題を外部的対象物としてみなくなる 問題のある側面の中に生きている
関係のしかた (manner of relating)	親密な関係は危険なものとして避けられる	危険だという感じが減少する	瞬時的体験過程に基づいて開放的に、自由に関係をもつ

（3）十分に機能する人間

　ロジャーズは心理療法でたどり着く目標を、**十分に機能する人間**としました。これは人生の中で目指す自己実現の形ともいえます。十分に機能する人間の特徴として、次の 10 点があげられています。

① 自分の経験に開かれている
② 全ての経験を意識する可能性がある
③ 自己概念は経験を正確に意識化している
④ 自己概念と経験は一致する
⑤ 自己概念は柔軟に変化して新しい経験と同化する
⑥ 自分自身が評価の主体である
⑦ 価値観が条件つきではない
⑧ いろいろな状況に創造的に適応する
⑨ 自己一致を行動の指針として信頼する
⑩ 他者とお互いに肯定的な配慮を持ち合い、調和を保って生活できる

9.4　技法と態度

　ロジャーズは、技法よりもどのような態度でクライエントに接するかを重視したとされています。その際に、感情の受容と反射およびパーソナリティ変化の必要十分条件をあげました。

（1）感情の受容と反射

　教示や指示をせず、クライエントを中心に話し合いを進め、感情を自由に発言させます。

　その発言を受け入れたり（例：傾聴）、繰り返したり（例：おうむ返し。要約）、クライエントの感情を反射したりすることで、クライエントの情緒的緊張を緩めます。緊張が緩むと、抑圧された感情が解放されます。すると、自分を素直に受け入れ、理解することができるようになります。この結果、パーソナリティの再体制化が起こり、行動が変容します。

(2) パーソナリティ変化の必要十分条件

クライエントのパーソナリティ変化の必要十分条件として、次の 6 条件を
あげました。

① クライエントとセラピストに心のつながりがある
② クライエントの体験と自己概念が不一致状態にある
③ セラピストはその関係の中で一致している（純粋性を持つ）こと
④ セラピストがクライエントに対して無条件の肯定的関心を向ける
⑤ セラピストが共感的理解を持っている
⑥ クライエントがセラピストの態度を知覚する

このうち③〜⑤は、セラピストの 3 条件とよばれ、援助の際に重視されま
した。例えば、心理援助で有名な**傾聴**という技法は、共感的理解の実践とさ
れています。

(3) フォーカシング

1）概要

ジェンドリンは、ロジャーズとともに開発した体験過程療法を独自に発展
させていきました。**フォーカシング**とは「今ここで実感できる身体の感覚や
気持ちの流れ」である体験過程を明確にするための技法です。つまり、身体
で感じてはいるけれども、漠然としていて言葉にできないものに注意を向け
て、言語化したりイメージ化したりする作業を指します。

そして、身体で感じているもの（例えば、「悲しい」という感情）が、完全
に自分と一体化している（同一化）わけでもなく、自分にはないものだと否
定や解離するわけでもなく、自分の一部に存在する（脱同一化・脱解離）と
認めて、うまく付き合えるようになることを目指します。

２）簡便法

　ジェンドリンによると、フォーカシングの簡便法として、次の6つの動き
をゆっくりと時間をかけて実施する方法を紹介しています(ジェンドリン,
1982)。

　第1の動き：空間を作る。心に浮かぶ心配（気がかりなこと）を全て表に
　　　　　出して、自分とそれとの間に少し空間を作って眺めてみます
　第2の動き：フェルトセンス（感じられた意味。意味がある感じ）。出てき
　　　　　たものから、気になっているものを1つ選んで、少し離れて立って
　　　　　みます。身体に生じるものを感じてみます
　第3の動き：取っ手（ハンドル）を見つける。最も気がかりなものについ
　　　　　て、その特質を表す名前をつけたり、イメージ（絵）で表現したり
　　　　　します
　第4の動き：取っ手とフェルトセンスを共鳴させる。フェルトセンスと取
　　　　　っ手（名前やイメージ）を行き来してみます。そして、身体感覚で
　　　　　ピッタリと合うかを確かめてみます
　第5の動き：尋ねる。フェルトセンスにその特質を作っているものが何か
　　　　　を尋ねてみます。頭の中にすぐに思い浮かぶものはやり過ごし、そ
　　　　　の後に取っ手を使ってもう一度フェルトセンスに触れてみます。「そ
　　　　　の最悪なのは何か？」と「フェルトセンスは何を必要としている
　　　　　か？」という2つの質問が有効な場合があります
　第6の動き：受け取る。浮かんできたものを、それがどのようなものでも
　　　　　喜んで受け取ります。それは1ステップであって、最終的なもので
　　　　　はありません。続けることもできますし、離れることもできます。
　　　　　離れても再び戻ってくることもできます

（4）エンカウンター・グループ

1）概要

　エンカウンター・グループは、本音の交流を持つために一定期間（数時間から数週間）維持されるグループです。対象となるのは、大きな心理的問題を持たない人々です。こうした人たちの人間的成長やコミュニケーションの改善を促す、集団での活動です。1960年代から70年代にかけてアメリカで広がり、ロジャーズの方法以外に、感受性訓練やゲシュタルト療法（第7章参照）、センサリー・アウェアネスなどの立場や方法でも行われました。日本では、1970年代以降にロジャーズの方法が盛んに行われるようになりました。

2）実施方法

　典型的には10名程度のメンバーと、1～2名のファシリテーター（リーダー。進行役。セラピストが務める）で、合宿形式で行うことが多いようです（1泊2日～5泊6日など）。通いや徹夜などの方法も見られ、日本では学校において学級活動の中で**構成的グループエンカウンター**が実施される例もよく見られています。

3）目的

　目指すものは、グループを通しての各個人の人間的な成長です。そのためにグループ内で、取り組むことを決める、自己開示、他の参加者からのフィードバック、グループ内での行動の変化などを行います。

4）留意点

　参加者にポジティブな変化が起きる反面、途中で脱落したり参加したことで心的外傷を受けたりするケースも見られます。このため、メンバーの選定を慎重に行うことや、ファシリテーターが十分な能力を持っていることが重要です。

第10章
認知理論と認知行動療法

　認知行動療法は、一人の創始者による単一理論ではなく、実験心理学、認知科学、行動科学の理論や実証性に基づくさまざまな介入方法の総称です。認知療法からの流れと第8章でも紹介した行動療法からの流れによって成り立っています。この章では、認知理論とそれに基づく心理療法である認知行動療法を紹介します。

10.1　認知理論

(1) 認知療法からの流れ
　認知療法の流れは、**ベック**のうつ病への取り組み、アメリカの臨床心理学者**エリス**(1913-2007)の論理療法、アメリカの**マイケンバウム**(1940-)の自己教示訓練などが発展したものです。例えば、出来事 (A) に対する認知 (B) が、感情(C)という結果を生むというABC理論に基づいています(図10.1参照)。

図 10.1　ABC 理論

　つまり、同じ出来事を体験しても、認知によって喚起される感情は異なります。例えば、試験で不合格になった場合、図 10.2 のように学生によって反応が分かれることがあります。

図 10.2　認知による感情の違いの例

　このように、認知療法では認知（もののとらえ方）が、実際の出来事に対して認知が不適切であることが、抑うつ、不安、怒りなどの否定的な感情を発生させると考えます。そこで、まず不適切な認知の内容を解明します。そして、その修正を目指してさまざまな技法を用いて介入します。

（2）行動療法との統合

　行動療法では、ある問題が維持され続けるのは、刺激と反応の連鎖が生じているからと考えます（図 8.3 参照）。しかし、**バンデューラ**の社会的学習理論は、刺激と反応との間に、個人の解釈や予期のような直接的に観察できない認知概念が入ることを想定しました。こうした認知概念を問題の理解やアセスメントに取り入れることで、認知療法と行動療法の統合が進んでいきました。

　認知行動療法で行動療法由来の技法を用いる場合、「行動の変化を体験することで認知に変化が生じる」という視点に立ちます。

10.2 認知行動療法の基本的な考え方

(1) 認知とは

　認知行動療法では、感情や行動に影響を与えるものとして、その人の「考え方」や経験したことの「意味づけ」があると想定します。この「考え方」や「意味づけ」は図 10.1 の「認知」に相当します。認知が不適切な場合、問題が発生すると考えます。不適切な認知を生む要因として、ベックは**自動思考、推論の誤り、スキーマ**をあげています。

　まず**自動思考**とは、ある場面で自動的に頭に浮かぶ思考やイメージのことです。理論的に生み出されるものではありません。不合理な内容であっても、本人は当然のこととして受け入れてしまいます。

　次に**推論の誤り**は、出来事について間違った解釈をする、不適応的なパターンのことです（表 10.1 参照）。

表 10.1　推論の誤りの例

誤った推論	内　容
絶対的二分法思考	全てを白か黒かで分けて、灰色や例外を認めない
過剰な一般化	否定的な出来事が、いつも全てに当てはまると考える
「べき」思考	自分や他者に高い要求水準を課す
独断的推論	矛盾する証拠があっても、無視してある結論に突っ走る
過大視	自分の短所や失敗を実際よりも重大にとらえてしまう
過小評価	自分の長所や成功を実際よりも低く評価してしまう

　最後に**スキーマ**は、人がそれぞれ持っている経験や行動を体系化する認知構造です。パーソナリティの特性（第 14 章参照）に近い概念です。クラークらは、スキーマの内容を単純スキーマ、媒介信念、中核信念の 3 つに分類し

ています。単純スキーマは、環境の物理的特性や日常活動の実質的管理に関わるものです。精神症状には影響を与えません。媒介信念は、自己評価と感情の調整に影響を与えるものです。中核信念は、自己評価に関して周囲の情報を解釈するものです。

　例えば、個人の信念やルールはスキーマの内容になります。そして、**"中核信念 → 媒介信念 → 自動思考"** という階層でできています。

（2）認知と感情・行動・身体反応との関係

　認知行動療法では、おもに認知に変化をもたらすことを通して、問題の軽減を図ろうとしました。

　現在の認知行動療法では、環境などの外部の刺激に対して、認知、行動、感情、身体反応が起きて、ある結果が生まれるという枠組みで考えます。この **"刺激 → 反応 → 結果"** の枠組みを分析（機能分析）して、問題を起こす要因の特定やその変容を明確にしていきます。そこで、認知と行動だけではなく、感情や身体反応にも注目して介入します（図 10.3 参照）。

	例
出来事	みんなの前で発表しなければいけない

認 知	うまく話せない。内容がまとまらない
感 情	悲しい。不安
行 動	発表資料を作る手が止まる
身体反応	緊張する。おなかが痛くなる

結 果	授業に出られない

図 10.3　出来事が認知などに与える影響

10.3 認知行動療法の支援の構造

(1) 支援全体の構造

　①ケース・フォーミュレーション、②治療目標の設定、③問題への取り組みと再発への備えの3つをまとめながら、問題の種類に応じてセッションの回数を決めていきます。ウエストブルックらは、軽度ならば6回、軽度から中等度ならば6〜12回、中等度から重度もしくはパーソナリティ障害を併存する中等度の問題ならば12〜20回、パーソナリティ障害を併存する重度の問題ならば20回以上のセッションを行うというガイドラインを示しています（ウエストブルックら, 2011）。

1）ケース・フォーミュレーション

　クライエントに関する情報をアセスメントシートやモデル図を利用して、問題の全体像をセラピストとクライエントがともに理解します。そのうえで、介入方法を検討します。問題を理解するために、具体的な1つの状況を取り上げて、その状況における自動思考、感情、行動を記述します。

2）治療目標の設定

　クライエントが「どうなりたいか」を言葉にする作業を、セラピストと協働で行います。目標は、具体的で、測定可能で、現実的に達成可能であることが求められます。

　セラピストは、クライエントの希望を尊重しつつ、認知行動療法の目標として適切な形に整えることを手伝います。

3）問題への取り組みと再発への備え

　目標に向かって問題に取り組みます。クライエントは問題に応じた技法を学び、問題の解決や今後同様の問題が起きたときにどのように対処するかを身につけます。

（2）セッションごとの構造

1）導入

　各セッションの開始時には、クライエントの症状や状況の把握、前回出したホームワーク（宿題）の確認、**アジェンダ**（その回に扱う内容）の設定などが行われます。

　症状や状況の把握のためには、聴き取りの他に質問紙を使用します。アジェンダは、クライエントとセラピストが共同で設定します。クライエントは自分が取り扱いたいことを話し、セラピストは客観的に見て取り扱った方が良いと考える内容を提案します。アジェンダは、より具体的な内容であることが望ましいとされます。

2）問題への取り組み

　1回のセッションで扱うアジェンダは、1つか2つに絞ります。設定したアジェンダに沿って、技法を選択します。その際に、援助全体の目標や援助の段階などを考慮します。

　また、自死の危険や失業・中退の可能性のように、クライエントの生命や生活に大きく関わるような課題は、前回からの流れや援助の段階に関わらず、最優先で取り組みます。

3）まとめ

　セッションの終盤に、クライエントによるセッションの振り返り、セラピストからクライエントへのフィードバック、次回までに取り組むホームワークの設定などを行います。

10.4　認知行動療法の技法

（1）概要

　認知行動療法では、問題が発生する状況を分析して、自分の認知（自動思考）と感情の関連を明らかにします。そして、その認知を記録して妥当性を検討します。それから、問題となる認知に変わる新たな認知を生み出して置

き換えていきます。

　また、セラピストが答えを提示するのではなく、セラピストの質問や要約によって、クライエント自身が自分の認知を発見・修正していく治療関係を作ります。これを「協同的実証主義」に基づく援助といいます。

　認知行動療法では、対応する問題や症状ごとに、理論とそれに基づく治療パッケージが用意されています。技法は認知的技法と行動的技法に分類できます。代表的な技法は次の通りです。

(2) 技法の代表例
1) セルフモニタリング

　クライエントが、自分の認知、感情、行動などを観察し、自分自身に関するデータを得て、それらを検討します。アセスメントにも、変容のための技法としても用いられます。

2) 認知再構成法

　代表的な認知的技法の1つで、**コラム法**ともいいます。クライエントのパターン化した自動思考を検討して、それ以外の考え方やイメージが持てるようになることを目指します。その際に、クライエントが受け入れられるような考え方を身につけることを目指します（注：一般的にポジティブと思われる考え方を持たせるわけではありません）。

表 10.2　思考記録表の例

	内　容
① 状況	
② 感情（強さ 0〜100%）	
③ 自動思考またはイメージ	
④ 根拠	
⑤ 反証	
⑥ 自動思考に代わる思考	
⑦ 結果：感情とその強さ	

具体的には、表 10.2 のような思考記録表（コラム表）に、①状況、②感情、③自動思考またはイメージ、④根拠、⑤反証、⑥自動思考に代わる思考、⑦結果（感情とその強さ）を書き込んでいきます。

３）行動活性化

この技法は行動的技法に分類されます。人は、行動面に肯定的な変化が起こると、自己評価の向上や適応的な姿勢を持つようになります。そこで、行動のモニタリングや行動の変化によって、否定的な認知の確信を揺らがせることを目指します。例えば、日常活動の記録のため、活動記録表（表 10.3）に行動を記入させます。この表には、1 日の中で行った活動それぞれに、「達成感」と「喜び・楽しみ」の点数をつけさせます。

表 10.3　活動記録表の例

	5 月 15 日	5 月 16 日	5 月 17 日	5 月 18 日	5 月 19 日	5 月 20 日	5 月 21 日
	月	火	水	木	金	土	日
7〜8 時							
8〜9 時							
9〜10 時							
10〜11 時							
11〜12 時							
12〜13 時							
13〜14 時							
14〜15 時							
15〜16 時							
16〜17 時							
17〜18 時							
18〜19 時							
19〜20 時							
20〜21 時							
21〜22 時							
22〜23 時							

4）その他の認知的技法

これらの方法は、問題や苦痛を生むものの見方や考え方を抑制するものです。

① **破局的な見方の緩和**：失敗や不都合な出来事があっても、それで全てが
ダメになるわけではないと考えるようにさせます。

② **原因帰属の変容**：問題が誰のせいかや何のせいかなどを見直させます。

③ **気晴らし法**：苦痛を避けられる特定の考えや関心を見つけて、それに焦
点を当てるように促します。

④ **自己教示法**：望ましいものの見方や行動を、自分に言い聞かせるように
促します。

⑤ **思考中断法**：不適当な考えが浮かんできたら、自分にストップをかけて
考えることを止めるようにさせます。

5）その他の行動的技法

これらの方法は**行動療法**（第8章参照）でも用いられます。認知行動療法
では、問題や苦痛と対極にある、快適で達成感が得られる活動を見出して、
気分を高めるために用いられます。また、否定的なものの見方を修正するた
めに、実験的に行動させることもあります。

① **エクスポージャー法**：不安や恐怖を感じる状況に、想像上あるいは実際
にさらすことで、その状況に慣れていき、不安を感じないようにします

② **リラクゼーション法**：不安や緊張を感じる出来事や状況において、楽に
なることができる方法を習得します（表8.2参照）

③ **ロールプレイ**：ある状況で適切な行動ができるようにセラピストととも
に練習をさせます

6）第三世代の技法

認知行動療法の第一世代は、1950年代からのウォルピやアイゼンクの行動
療法、スキナーの応用行動分析とされます。そして、第二世代は、1970年代
のベック、エリス、マイケンバウムらの認知療法、行動療法に認知変数を組
み込んだ理論とされます。さらに、第三世代は、1990年代以降に登場した認
知行動療法とされ、その代表的な技法は次の①〜⑤の通りです。

① マインドフルネス認知療法

　マインドフルネスとは、体験の中で意図せずに注意を向けることで現れる気づきを指します。仏教に由来する言葉です。マインドフルネス瞑想を用いて、思考とともに、身体感覚や感情にも注意を向け、気づきを促します。

　第三世代の技法全般で、マインドフルネスが重視されています。

② メタ認知療法

　メタ認知とは、自分の認知（思考）を制御、モニター、評価する認知のことです。これは、否定的な感情の持続に関係する認知スタイルを決定するうえで、重要な役割を果たすと考えられています。メタ認知療法では、もう一人の自分が自分自身の認知のスタイルを観察する感覚に目を向けます。そして、認知スタイルやメタ認知的信念の修正を目指します。

③ スキーマ療法

　パーソナリティ障害（第14章参照）を対象とする心理療法です。パーソナリティの問題があるクライエントは、認知や感情を回避しがちです。このため、認知行動療法が想定する認知や感情にアクセスする訓練に入ることが難しいとされています。そこで**スキーマ療法**では、2段階の援助を行います。

　第1段階では、現在のスキーマにつながる、幼少期や思春期のスキーマの種類や形成のされ方を理解させます。このために、精神分析（愛着理論、対象関係論）やゲシュタルト療法の知見も併せて介入します。

　第2段階では、スキーマを修復するために、認知的手法、行動的手法、体験的手法、対人関係的手法を活用して介入します。

④ 弁証法的行動療法

　この心理療法では、自分の感情をうまく調節できるようになることで、問題が改善できると考えます（マッケイら, 2011）。境界性パーソナリティ障害（第14章参照）を併存するクライエントに適用されます。具体的には、次の4つのスキルの習得を24週1セットで目指します。

❶ 感情調節：自分の感じていることをより明確に認識し、それに圧倒されることなく、観察するスキルを身につけます。

❷ 対人関係：自分の信念や要求を表現し、限界を設定し、問題の解決策を交渉するためのスキルを身につけます。

❸ 欲求不満耐性：自分を傷つけることから注意をそらすスキル、気持ちを落ち着かせるスキル、そして対処する方法を身につけます。

❹ マインドフルネス：苦痛な過去や未来に焦点を当てるのではなく、今この瞬間に経験していること（思考、感情、身体感覚）をありのままに受け止めるスキルを身につけます。

⑤ アクセプタンス＆コミットメント療法

アクセプタンスとは、「与えられたものを手に取る」という意味です。クライエントに「今、ここで」体験していることを、判断なしに受け取るという体験をさせます。この体験は、**森田療法**と共通する点があるとされています。

そして、苦しみや悩みのもとになっている思考や感情にうまく対応できるように心理的スキル（マインドフルネス）を身につけさせます。さらに、自分にとって本当に大切なものや意義のあること(価値)をはっきりさせます。その価値に基づいて行動を起こすように促します。

以上のことを実行するために、さまざまなエクササイズを行います（ハリス, 2012）。

第**11**章 その他の心理療法

　第6章から第10章までで紹介した臨床心理学の主要な学派以外にも、実践に用いられて成果を上げている理論や技法があります。この章では、その中の代表的なものをいくつか紹介します。

11.1 家族療法

（1）概要
　家族療法では、家族を1つの単位とみなして、家族（関係）全体を対象に介入を行います。つまり、心の問題や個人が示している症状は、その人個人だけの問題ではなく、家族全体がうまくいっていないサインと考えます。そして、介入を通して、問題を示している個人だけを変えるのではなく、家族全体の姿を変えることで解決を目指します。

　問題行動や症状を呈している人物のことを、個人療法ではクライエントとよびますが、家族療法では、IP（Identified Patient）とよび、「患者と見なされる人」ととらえます。

（2）歴史
　家族療法は一人の創始者による1つの理論ではありません。初めは精神分析理論の枠の中で考えられ、次いで社会心理学の考え方を取り入れながら、システム理論に基づく枠組みが提唱されたものです。1950年代以降に、家族を集めて面接を行った専門家たちが得た知見が集められて発展した介入方法の総称を家族療法といいます。

（3）代表的な理論モデルと技法

　家族療法では、家族とは、家族成員がお互いに影響を与え合いながら形成されているものと考えます。このため、IP個人の変容だけではなく、家族全体に対してアプローチする援助を行います。主要な理論として、次のものがあげられます。

1）コミュニケーション派、MRI家族療法

　二重拘束説を提唱した文化人類学者の**ベイトソン**や MRI（Mental Research Institute）を創設した**ジャクソン**ら、コミュニケーション理論の流れを汲む人たちによる考え方です。コミュニケーション理論では、あらゆる人間の行動をコミュニケーションととらえます。家族をコミュニケーションの相互作用のシステムとみなし、問題は問題行動自体ではなく、それを持続させる相互作用のパターンであると考えます。

　二重拘束とは、2者関係の中で、メッセージの送り手が、言語的メッセージと非言語的メッセージを矛盾した状態で発信すると、受け手が混乱し常に葛藤状態におかれるというものです。

　サティアは家族全員が参加する面接で、家族のコミュニケーションの食い違いを明らかにし、セラピストがお手本を示しながら、家族のコミュニケーションを改善する援助を行いました。

　MRIでは1967年から、10回で終結する「**短期集中療法（Brief Therapy）**」の研究を始めています。このアプローチでは、問題の焦点を絞り、その解決に集中します。そのために、洞察によって変化を起こすのではなく、変化を先に起こすことを目指します。

2）多世代家族療法

　個人の家族からの分化の度合いが低いと、親世代から譲り受けた問題を何度も繰り返すと考えます。分化度が低いことを融合といいます。代表的な臨床家は**ボーエン**らです。

　分化は情動と知性の両面で起きるものです。多世代家族療法の治療目的は、IP（＝分化度の低い人）の分化の度合いを高めることにあります。自己分化の度合いが低いと、次のような問題が起きると考えます。

① **三角関係**：両親連合（子どもに向き合うために、父と母が連携すること）など、問題解決に必要な2者関係が、母子密着などによってうまく作れない状態です

② **家族投射過程**：三角関係の結果、両親間の問題がうまく解決できないと、その問題が次の子ども世代に伝播されることです

③ **多世代伝達過程**：三角関係に巻き込まれた子どもは、親世代よりも分化度が低くなる傾向にあります。このため、低い分化度や問題の伝播が数世代にわたって続きます

多世代家族療法では、**家系図**を用いて家族に上記の過程を理解させて、家族成員それぞれの自己分化度を高めさせます。このためには、セラピスト自身の自己分化度が高く、お手本になれることが必要です。

なお、面接は家族全員ではなく、夫婦療法や親の個人面接を選択するケースが多いようです。

3）構造派

家族をシステムとみなして、家族はそのシステムが機能するように、夫婦、親子、きょうだいなどのサブシステムに分化して成り立っているという考え方です。代表的な臨床家に**ミニューチン**らがいます。

構造派の考え方では、個人はそれぞれ複数のサブシステムに所属して、さまざまな役割を担っています。例えば、ある女の人は、妻であり、母親であり、原家族（出生家族。血縁関係にもとづく家族のこと）の中では、娘であり、姉・妹、孫であるという役割を担っていると考えます。サブシステムはそれぞれ独自の機能を持っているため、その境界が明確でないと、家族システム全体がうまく機能しないと考えます。つまり、個人の問題は各サブシステムの関係の在り方、つまり家族成員の境界の明確さ、連携の仕方、勢力関係に関連した歪みから生じると考えます。

境界が拡散して家族の自律性が低く、成員があらゆる問題に巻き込まれる状態を**纏綿状態**（てんめん）といいます。反対に、お互いに依存し合うことのないバラバラな状態を遊離状態といいます。健康的な家族はこの中間に位置します。連

携は状況に応じて柔軟であることが望まれます。硬直した連携の例に、三角関係があります。

　勢力関係は、誰かの力が強すぎても弱すぎても問題が起こります。例えば、子どもより親が圧倒的に弱いと、家庭内暴力が発生しやすくなります。

　構造派の援助は次のような技法を用いて進めていきます。

① **ジョイニング**：セラピスト自らが家族の交流の中に入っていきます
② **葛藤誘導**：潜在した家族の葛藤を顕在化させます
③ **エナクトメント**：必要な家族間の対決や情緒的接触を促したり、家族の交流パターンを面接内で再現させたりして、好ましくないパターンの妨害や別のパターンの成立・強化を起こします

4）戦略派

　戦略派は、家族のコミュニケーションの改善を重視します。そして、あいまいで長期的な目標ではなく、家族が現在困っている問題を、できるだけすみやかに、かつ変化がはっきりわかるように焦点を絞ったアプローチを行います。（例：「妻の態度が気に入らない」で終わらずに、「残業をして帰宅すると、妻は寝室から出てこようともしない」まで焦点を絞る）

　代表的な臨床家に**ミルトン・エリクソン**や**ヘイリー**らがいます。

　家族がこれまで繰り返してきた解決方法は、むしろ問題を維持していると考え、家族の行動の連鎖を別のものに変えていきます。そのために、さまざまな技法を用いて、家族のごく小さな行動パターンにねらいを定めて介入していきます。用いる技法は次のようなものです。

① **治療的パラドックス（二重拘束）**：IP にもっと症状を出すように指示する「症状の処方」や、変化の禁止や再発の予告を行う「抑制」を行います
② **リフレーミング**：家族の持つ観念的・情緒的文脈を治療に有効なものに言い換えます
③ **課題の指示**：家族全員で取り組む課題をその場や宿題で提示します
④ **メタファーの活用**：ある事柄が他の何かに似ていることに言及します。ミルトン・エリクソンは、相手の興味を引く逸話を用いました

5）ミラノ派家族療法

　最もシステム論に忠実であるとされ、システミック家族療法ともいわれます。問題は、行動パターンや信念体系に柔軟性が欠けるために、家族や環境の変化に対応できないことであると考えます。そこで、**円環的質問**、逆説処方、肯定的な意味づけなどを行って、家族の信念体系に挑戦して、問題維持的相互作用を絶とうとします。代表的な臨床家は**パラゾーリ**らです。

6）1980年代以降の家族療法

　1980年代には、家族システム論の考え方は、「個人は原因でないが、家族が原因である」という直線的因果律になっているという批判から、第二次家族療法といわれる状況が生まれて、さまざまな理論や技法との統合が進められました。

　そして、1990年代には、他の心理療法の原理も用いながら、さらに統合が進みました。例えば、次のアプローチがあげられています。

① **ソリューション・フォーカスド・アプローチ**（解決志向療法）：**ドシェーザー**らが提唱しました。**例外**を重視して、例えばルールや問題に対する例外を質問していきます。また、**解決後の質問**で、「もし問題が解決したらどうなるでしょう？」という問題解決のイメージをさせます

② **心理教育**：問題とそれに対する支援の情報をIPや家族に教示して、問題の理解と対処法の習得を目指す方法です

③ **ナラティブ・セラピー**：家族が真実と信じている物語を明らかにし、それまで認識されていなかった代わりの物語を編み出すことを支援します

11.2　森田療法

(1) 概要

　精神科医**森田正馬**が提唱した日本独自の心理療法です。治療対象は神経症で、現在の精神医学の分類では、恐怖症性の不安症、パニック症、全般性不

安症、強迫症などが含まれます。森田は神経症（森田神経質）に発展する仕組みを次のように説明しました。

当事者には**神経質性格**（第 14 章参照）という病前性格があります。この性格をもとに、心身の不調・疾病を恐れる気分が過度な状態であるヒポコンドリー性基調という素質を基盤にしています。注意と感覚が相互に影響することで、ある物事や状態が気になって仕方がなくなる精神交互作用によって「とらわれの機制」が生じます。

（2）治療目標

症状を直接除去することではなく、症状を形成する「とらわれの機制」を打破して、より良く生きたいと願う生の欲望を発揮させることを目指します。そして、症状があっても必要な行動はできるという、「あるがまま」の生き方を目指します。

この「あるがまま」というコンセプトが、**認知行動療法**（第 10 章参照）に取り入れられるなど、改めて注目されるようになっています。

（3）治療方法

森田療法は、原法では 40 日間の入院、場合によっては 2〜3 か月程度入院させて、次のセッションを行います。

表 11.1　森田療法の進め方

ステージ名	内　容
第 1 期：絶対臥褥期	個室に一人で隔離されて、1 日中寝かされます（臥褥）。トイレと食事以外の活動を禁止されます
第 2 期：軽作業期	臥褥時間が短くなり、屋外で庭掃除や花壇の手入れなど、屋内で日記を書くなどの軽作業を行います
第 3 期：重作業期	鋸引き、溝さらい、造園、まき割り、手芸、大工仕事、畑仕事などを行います
第 4 期：生活訓練期	社会復帰のための準備として、外出や外泊が許可されます。病院からの通勤・通学が許可されることもあります

11.3 内観療法

(1) 概要

　吉本伊信が提唱した日本独自の心理療法で、自己観察法です。浄土真宗の
一派が行う「身調べ」という修行法がルーツになっています。

　1週間集中して行う集中内観と、日常生活の中で数時間から数分間行う日
常内観があります。内観療法の基礎は集中内観とされています。集中内観
は、1週間の宿泊形式で朝から夜まで1日15時間程度行います。

(2) 援助方法

　まず、部屋の中に屏風を立て、その中に入り、楽な姿勢をとります。そし
て、身近な人（父親、母親、祖父母、きょうだい、配偶者など）に「しても
らったこと」、「して返したこと」、「迷惑をかけたこと」の3点を具体的に調
べていきます。1〜2時間おきに面接者が来て、5分程度の面接を1日8回程
度行います。なお、内観中は外部との連絡や私語を禁止されます。

11.4 催眠療法

(1) 概要

　人為的な暗示操作である催眠誘導によって催眠状態を引き起こし、治療暗
示を与えて、心理的問題や身体症状の改善する心理療法です。

　催眠状態は、睡眠に似ていますが区別できて、暗示にかかりやすくなり、
普段とは違う意識の働き方がしています。そして、覚醒時と比べて、運動、
知覚、記憶、思考などで特異な体験ができる心理状態とされています。

　科学的な催眠療法の始まりは、18世紀後半にオーストリアの医師メスメル
(1734-1815)が、動物磁気説（メスメリズム）を提唱して治療を始めたことで
す。その後、19世紀にイギリスの医師ブレイドが言語によって催眠現象を引
き起こす言語暗示法を完成させ、今日の催眠療法の基礎ができました(藤
原,2004 ; 石津,2009)。

(2) 歴史

　催眠を用いた治療を行う技法は、心理療法の中でも古くから行われており、例えば、シュルツの自律訓練法（11.5 節参照）やフロイトの自由連想法（6.3 節参照）も該当します。また、行動療法の基礎を作ったアメリカの心理学者ハル(1884-1952)やパブロフも催眠に関心を示しています。さらに、家族療法家のミルトン・エリクソン(1901-80)は、催眠療法のやり方を大きく変えて、現在にも影響を与えています。

(3) 催眠の種類

　石津(2009)は、「催眠療法はその利用の仕方によって、狭い意味での催眠療法と、他の技法と併用して催眠を用いた広い意味での催眠療法に分けることができる」としています。

1）狭義の催眠療法

　狭い意味での催眠療法は、催眠状態に入る過程や催眠状態を体験することが持つ治療的効果を利用するものです。石津(2009)は、暗示催眠、リラックス催眠、イメージ催眠をあげています。

　暗示催眠は、直接暗示や間接暗示を用いて症状の消去や緩和を図ります。

　リラックス催眠は、催眠状態の意識状態を利用して、リラックス効果やストレス軽減を目指します。

　イメージ催眠は、イメージの中での体験や暗示の併用によって、リラックスや新しい体験の追及、情動や行動の変容を図ります。

2）広義の催眠療法

　一方、広い意味での催眠療法は、催眠技法を用いることでさまざまな立場の心理療法の効果をより効果的にしようという考え方です。田中(2011)は臨床催眠または催眠面接法とよんでいます。例として、田中や石津(2009)では、精神分析と併用するものとして、イメージ分析法、情動強調法、自動書記など、行動療法と併用するものとして、催眠による系統的脱感作、催眠暗示条件づけ法などをあげています。

11.5 自律訓練法

(1) 概要

　ドイツの精神科医**シュルツ**(1884-1970)が提唱した、ストレスの緩和法です。刺激の少ない場所で、注意の集中や自己暗示の練習によって、全身の緊張を緩和します。そして、心身の状態を自分でうまく調節できることを目指します。つまり、自律訓練法はリラクゼーションを学ぶ手法です（第8章参照）。

　自律訓練法での注意集中を、特に**「受動的注意集中」**といいます。普通の注意は能動的であるのに対して、受動的注意集中は、さりげなく注意を払うことがポイントになります。

(2) 治療方法

　自律訓練法を行う際には、まずは下記の標準公式を実施します。その際には、目を閉じて、仰臥姿勢、単純椅子姿勢、安楽椅子姿勢の中から自分が楽な姿勢を選びます。

表 11.2　自律訓練法の標準公式

第0公式：安静感　「気持ちが落ち着いている」

そのうえで、下記の公式を実施する。

第1公式：重量感　「両腕両脚が重たい」
第2公式：温感　「両腕両脚が温かい」
第3公式：心臓調整　「心臓が静かに規則正しく打っている」
第4公式：呼吸調整　「楽に呼吸している」
第5公式：腹部温感練習　「胃のあたりが温かい」
第6公式：額部涼感練習　「額が涼しい」

11.6 生活技能訓練 (SST; Social Skills Training)

(1) 概要

SST（ソーシャル・スキル・トレーニング）は、1970 年代にリバーマンら
が精神障害者のリハビリテーションを促進するために、社会での生活を維持
するために必要な技能の習得と改善を目指したものでした。日本では、統合
失調症の当事者支援を中心に普及してきましたが、近年は発達障害児・者が
学校や社会生活での困難に対応することに応用するケースが増えてきていま
す。

理論的には、「ストレス－脆弱性－対処技能モデル」に基づいています。具
体的には、統合失調症などの精神疾患の再発の要因には、生物学的な脆弱性
とともに心理社会的ストレッサーが加わることがあると考えます。そこで、
再発の防止には、薬物療法や社会的支援とともに、当事者自身がストレスに
うまく対処できる技能を持つことが必要であると考えます。しかし、当事者
がそのような生活技能を知らなかったり、知っていてもうまく使えなくなっ
たりしている場合には、SST で学習させます。

(2) 治療方法

SST の方法には、基本訓練モデル、問題解決技能訓練、モジュールを用い
た訓練があります。一般的には、どの方法もセラピストと数名の参加者のグ
ループ（集団面接）で実施します。

まず、基本訓練モデルでは、行動リハーサル、正の強化、モデリング法、
宿題など（いずれも、第 8 章の行動療法を参照）を表 11.3 のように行います。

問題解決技能訓練では、対人場面で遭遇する問題への対処方法を、セラピ
ストと参加者全員で考えて、メリットとデメリットを検討したうえで、実行
しやすい方法を選んで練習してみます。

モジュールを用いた訓練は、課題領域別にパッケージ化されています。具
体的には、服薬や症状を自己管理することや、基本的な会話のスキルなどを
訓練します。

表 11.3　基本訓練モデルの例（皿田,2011 より）

1．練習することを決める

2．場面を作って1回目の練習をする（行動リハーサル）

3．良いところをフィードバックされる（正の強化）

4．さらに良くする方法を考える

5．必要に応じてお手本を見る（モデリング法）

6．もう一度練習する

7．良いところをフィードバックされる

8．挑戦してみる課題を決める（宿題）

9．実際の場面で実行してみる

10．次回に結果を報告する

11.7　心理劇（サイコドラマ）

(1) 概要

　ルーマニア生まれの**モレノ**(1889-1974)が提唱した、演劇の形式を用いた集団精神療法です。筋書きは決まっておらず、参加者がある役割を演じながら、即興的・自発的に劇を進めていきます。役割を演じることで、アセスメントや治療の効果があるとされています。

(2) 治療方法

　心理劇に必要な要素には、監督、演者、補助自我、観客、舞台の5つがあります。監督は心理劇全体の責任者として、演出家やセラピストの役割をします。演者は役割演技（ロールプレイ）をすることで、情緒や行動を変容するきっかけを得ることができます。観客は劇を観る人ですが、演者と一体になることでカタルシス（浄化）を得たり、演者に共感的なフィードバックを与えたりします。補助自我は、助監督や補助セラピストの役割をして、監督

を助けます。舞台は、望ましい形式がありますが、それが揃わなくても、あらかじめ演台と観客席を決めておけば、その枠組みの中で行うことができます。

第 **12** 章 発達の問題

　発達とは、受精から死に至るまでの心身の質的および量的な変化のことをいいます。この章では、乳児期から老年期までの心身の変化の定型と、さまざまな問題がある場合について説明します。

12.1 遺伝と環境の影響

(1) 概要

　発達には、遺伝と環境の両方が関係していると考えられています。どちらの影響が大きいか議論されてきましたが、現在は両者の相互作用であるという考え方が有力です。

(2) 遺伝説

　遺伝説では、学習は適切な成熟を待ってから行った方が効果的で、早すぎる学習は逆効果であると考えます。アメリカの発達心理学者**ゲゼル**(1880-1961)は、このことを乳児の「階段登り実験」で説明しました。この実験では、遺伝的には全く等しい一卵性双生児に、一方の子どもには生後 46 週目から 6 週間、他方の子どもには 53 週目から 2 週間、階段登りの訓練をさせました。すると、後から始めた子どもの方が早く階段登りを習得しました。

(3) 環境説

　環境説では、発達は生後の経験や与えられた刺激に大きく影響されると考えます。特に、発達初期の環境や経験を重視します。例えば、学習理論の**ワトソン**は、「自分に生後間もない子どもを預けてくれれば、どのような職業にでも育てられる」と述べています。

(4) 相互作用説

　シュテルンは、発達を遺伝と環境の加算ととらえる輻輳説を唱えました。遺伝と環境のどちらの影響がより強いかで、現れる形質が変わると考えました。ただし、輻輳説では遺伝と環境は影響し合わないとされました。

　次にジェンセンは、経験と成熟は互いに影響を与え合うと考えました。これを**環境閾値説**といいます。ジェンセンは、遺伝的形質・特性が表に現れること（顕在化）に環境条件がどの程度影響しているかを、表 12.1 のように分類しました。この結果、いずれの遺伝的形質・特性も、一定水準以上の環境条件が整わないと顕在化しないと考えられています。このため、表 12.2 の野生児のように他の人と接しない環境で育つと、発語さえも表に出なかったと報告されています（例：アヴェロンの野生児の事例）。

表 12.1　遺伝的可能性の顕在化率の高中低と環境条件の関係（Jensen, 1969 より）

遺伝的形質・特性	環境条件		
	貧　困	中程度	豊　富
身長・発語	低	高	高
知能テストの結果	低	高	高
学業成績	低	中	高
絶対音感・外国語音韻	低	低	高

表 12.2　野生児の類型（根ヶ山, 2013 より）

野生児の種類	例
山野に遺棄されてほとんど独力で育ったケース	フランスのアヴェロンの森で見つかった野生児
動物に養育されたというケース	インドで発見されたアマラとカマラ
放置され閉じ込められて生育したケース	カスパー・ハウザー

12.2 発達段階

(1) 概要

　発達は、ある年齢時期には他の年齢時期とは異なる特徴的な変化が見られることがあります。こうした特徴を手がかりにして、年齢時期をいくつかの段階に分けたものを**発達段階**といいます。注目する質的変化によって、発達段階の分け方は異なりますが、代表的なものには、大人のパーソナリティや心の問題を説明するために発達段階をさかのぼって考えた**フロイト**や**エリクソン**の精神分析的発達理論と、認知（知能）の発達について子どもを対象とする研究からまとめた**ピアジェ**の発達理論があります（図 12.1 参照）。

年齢	発達段階	フロイト	エリクソン	ピアジェ
0	乳児期	口唇期	基本的信頼感対不信感	感覚運動期 第1段階（〜1か月） 第2段階（1〜3-6か月） 第3段階（3-6〜8-9か月）
1				
	幼児期前期	肛門期	自律対恥・疑惑	第4段階（8-9か月〜1歳） 第5段階（1歳〜1歳6か月） 第6段階（1歳6か月〜2歳）
2				前操作期 ・前概念的思考 　（1歳半-2歳〜4歳） ・直観的思考（4歳〜6-7歳）
3	幼児期後期	男根期	自発性対罪悪感	
4				
5				
6	児童期	潜伏期	勤勉対劣等感	具体的操作期
7				
8				
9				
10				
11				形式的操作期
12	青年期	性器期	自我同一性獲得対同一性拡散	
20代	成人期		親密性対孤立	
30〜60代			生殖性対停滞	
60代〜	老年期		統合対絶望	

図 12.1　おもな発達段階の区分

(2) フロイトの性的発達段階

　フロイトは、人間のさまざまな行動の源として性欲（リビドー）を重視しました。そして、成人だけでなく子どもにも性欲があると考えました。成人の性欲は性器による性行為によって満たされるので他者が必要です。一方、子どもの性欲は性器以外の粘膜部位も性感帯（性欲充足に主要な役割を果たす部位）となり、自分だけで満たせるとしました。これを自体愛といいます。

　性感帯は、口唇、肛門、男根、性器の順に発達し、ここから子どもの発達段階を考えました。各発達段階で性欲が十分に満たされたか、それとも不足や過剰だったかによって、その段階へのこだわり（**固着**）が生じ、発達への悪影響や不適応につながると考えました。詳しくは、第 6 章の精神分析で説明しています。

(3) エリクソンの心理社会理論

　エリクソン(1902-94,ドイツ→アメリカ)は、フロイトの理論に基づきながら、社会的要因や青年期以降の段階も重視した考え方を示しました(丹野,2015)。具体的には、人間の一生を 8 つの発達段階に分けて、各発達段階に心理社会的危機があると考えました。心理社会的危機は、本人の能力と社会から期待される行動にギャップが存在することによる緊張した状態で、「健全　対　不健全」の対になっています(高木,2019)。各発達段階で健全な側を伸ばすと、次の発達段階以降の危機を乗り越える際に生かせると考えました（表 12.3 参照）。

表 12.3　エリクソンの発達段階と課題

段　階	年　代	心理社会的危機	重要な対人関係
乳児期	0〜2歳	基本的信頼　対　基本的不信	母親およびそれに代わる人
幼児期前期	2〜4歳	自律性　対　恥・疑惑	両親およびそれに代わる人
幼児期後期	4〜6歳	自発性　対　罪悪感	基本的家族
児童期	6〜11歳	勤勉性　対　劣等感	「近隣」、学校
青年期	12〜20代	同一性の獲得　対　同一性の拡散	仲間集団と外集団
成人前期	20〜30代	親密　対　孤立	友情、性愛、競争、協力の相手
成人期	30〜60代	生殖性　対　停滞	(分担する)労働と(共有する)家庭
老年期	60代〜	統合　対　絶望	人類、わが種族

1）乳児期（生後 24 か月まで）

　乳児は養育者とお互いに影響を及ぼし合いながら、「信頼　対　不信」という心理社会的危機に一緒に取り組みます。この危機を乗り越えると、養育者や周りの世界、そして自分への信頼感が生まれます。しかし、乗り越えられないと、自分と他者への不信感が生まれます。

2）幼児期前期（2 歳〜4 歳）

　養育者との強い信頼感を基盤に、「自律性　対　恥・疑惑」という心理社会的危機に取り組みます。自律性とは、心身の発達により自分でできることや我慢できることが増えることです。一方、できないことまでやろうとしたり、できるのに他者に依存したりすると恥をかき、自分の力に疑問を持つようになります。

３）幼児期後期（４歳〜６歳）

「自発性　対　罪悪感」という心理社会的危機に取り組みます。自発性とは、創造性や好奇心を独創的に表現しようとする傾向で、新しいものに挑戦して成功したり誉められたりすると伸びます。しかし、挑戦により誰かに損害や迷惑が発生すると、罪悪感を持つことになります。

４）児童期（６歳〜11歳）

「勤勉性　対　劣等感」という心理社会的危機に取り組みます。勤勉性は、学校、家庭、地域などで決められた日課の中で学習や手伝いや練習を繰り返しできることで作られます。しかし、課題を達成できないと、勤勉性は形成されずに劣等感を持つようになります。

５）青年期（12歳〜20代）

「同一性の隔離　対　同一性の拡散」という心理社会的危機に取り組みます。（自我）同一性とは「○○としての自分」ということで、人は立場や役割に応じてさまざまな同一性を持っています。青年期には、大人として自立・独立するために、自分を正しく理解し、自分の中にあるさまざまな同一性を秩序づけて、統合していく必要があります。これを同一性の獲得といいます。

しかし、価値観や生き方が定まらないと、同一性の拡散につながります。例えば、自意識の過剰（誇大あるいは卑屈）、選択の回避・麻痺（アパシー）、対人的距離の失調（ヤマアラシのジレンマ）、時間的展望の拡散（将来が見えない）、否定的同一性の選択（非行・犯罪）などがあげられます。

６）成人前期（20代〜30代）

「親密性　対　孤立」という心理社会的危機に取り組みます。同一性が確立されていると、自立した個人として他者と対等で充実した関係を職場や交際相手と作ることができます。これが親密性です。

しかし、同一性が混乱していると、相手との関係が支配や依存になります。この結果、他者と親しい関係が築けないと孤立します。

7）成人期（30代〜60代）

「生殖性　対　停滞」という心理社会的危機に取り組みます。生殖性は、子どもを産み育てることだけではなく、社会で教育・指導して後継者を育てることも意味します。家庭や社会で後継者を育てることに参加せず、自分の変化や成長を拒むと、時代に取り残されて停滞します。

8）老年期（60代以降）

「統合　対　絶望」という心理社会的危機に取り組みます。自分の人生を振り返って価値があるものと評価できれば、統合の感覚を得ることができます。しかし、振り返って後悔が多く、事実を受け入れられなければ、人生に絶望することになります。

（4）ピアジェの認知発達理論

スイスの**ピアジェ**(1896-1980)は、認知（知能）の発達過程を体系的に考え段階化しました。初めは直接的な身体活動によって思考する「感覚運動期」といい、表12.4の6段階に分けました。

表 12.4　感覚運動期の活動や運動の発達（村田, 1991; 関, 1987 などを参考に）

段 階	内 容	例
第1段階	反射の訓練	乳を吸う
第2段階	第1次循環反応（同じ身体活動の反復）成立	自分の身体に限った感覚運動の反復（例：手を開いたり閉じたりする。同じ声を出す）
第3段階	第2次循環反応（目的と手段の分化）成立	おもちゃを繰り返し振る
第4段階	第2次シェマの協調と新しい状況への適用	布をかけても下におもちゃがあることがわかる
第5段階	第3次循環反応（能動的実験）成立	同じものを、変化をつけて繰り返し落としてみる
第6段階	頭の中でのシェマの協調で新しい手段が発明可能	頭の中で予想を立てて一番良いと思う方法を実行する

しだいに表象を媒介にした思考が可能になると「表象的思考期」に入ります。表象とは、事物や事象、それらに働きかける活動などを、さまざまな形で心理的な符号に置きかえる過程や、置きかえられた符号そのもののことです。この時期は、論理的思考が可能か否かで「前操作期」と「具体的操作期」「形式的操作期」に分けました。

　ピアジェが考えた知能の発達に関する4つの段階が生じる順序は一定です。始まる年齢には個々人で差があっても、その順序は変わりません。

1）感覚運動期（0〜2歳）

　身体の感覚と機能（例：口に入れる、吸う、つかむ、叩くなど）によって、外界の事物や環境を認識・適応する時期です。言葉を獲得し概念的知能が働くようになるまでは、身体の感覚と運動によって知的機能を発達させます。具体的には、表12.4のように6段階の順序で発達します。

2）前操作期（2〜7歳）

　概念やイメージの使用が可能になると、直接的な身体活動を行わなくても、頭の中でものを考えることができるようになります。さらに、行為が内面化し、ごっこ遊びのようなシンボル機能が生じます。

　しかし、主観と客観が未分化であるため、他者の視点で外界を認知することが難しく、自分の視点からの見え方にこだわります。これを**自己中心的思考**といいます。また、論理的思考が困難で、部分と全体の統合力が欠けています。このため、物の外観（見た目）に思考が影響されやすくなります。

　ピアジェは前操作期を次の2つに分けています。

① **前概念的思考段階**（2〜4歳）：前概念とは個物と概念の中間で、あるものの共通する意味や規則性を十分に理解していない状態です。例えば、父親が祖父を「お父さん」とよぶことを、「お父さんはなぜおじいちゃんをお父さんとよぶのだろう？」と不思議がります(川瀬, 1991)

② **直観的思考段階**（4〜7、8歳）：直観的思考は事物の知覚的特徴に影響されやすい思考のことです。このため、見た目に左右されやすく、時間的・物理的に接近したものには因果関係があると思います

　以上のような特徴から、前操作期は、図12.2のような**保存課題**を解けない可能性が高い時期です。いずれの課題とも、見た目は変わっても質・量は元のものと変わっていませんが、そこが判断できないからです。

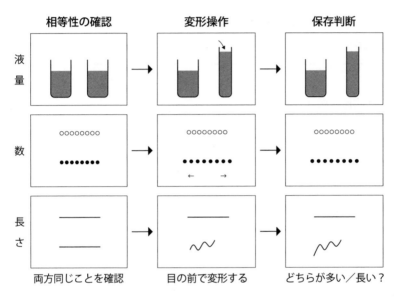

図 12.2　保存課題の例

3）具体的操作期（7〜11歳）

　自分が具体的に理解できる範囲では、論理的に思考したり推理したりできるようになります。このため、思考が知覚から受ける影響が減少し、他者の視点からものを見ることができるようになります。さらに、図12.2の保存課題は解けるようになります。つまり、容器や置き方を変えるなどして形が異なっても、量や長さは保存されることが理解できるようになります。このように自己中心的思考からの脱却することを、**脱中心化**といいます。

　しかし、抽象的・形式的な事物のことを扱うことはまだ苦手です。例えば、体積は理解できても密度は理解できないことがあります（表12.5参照）。

表 12.5　抽象的な概念の例

> ➢ 木、石、鉄が水に沈むか浮くかはわかる
> ➢ その理由が重さにあることはわかる
> ➢ しかし、「小さな鉄の玉と大きな木では、木の方が重いのではないか？」
>   と聞かれると、答えに困る

4）形式的操作期（11 歳〜）

　具体的な事象にとらわれず、抽象的な思考が可能になります。例えば、「もし〜であれば、〜であろう」という仮説演繹的思考や、三段論法（表 12.6 参照）が使えるようになります。そして、推論の筋道が正しいか否かに注目するようになります。これを科学的思考といいます。

　なお、形式的操作に達する時期には個人差があります。

表 12.6　三段論法の例

> ① Ａさんはさんより日本史の成績が悪い
> ② Ｃさんはさんより日本史の成績が良い
> ③ 日本史の成績は、Ｃさんが最も良くＡさんが最も悪い

12.3　各発達段階の特徴と心理的問題

（1）乳幼児期

1）特徴

　ヒトの乳児期は、ポルトマンが**生理的早産**とよぶように、他の哺乳類と比べて未成熟な状態で生まれます。このため、環境への依存度が高く、周りからの刺激に心身の発達が影響を受けます。そして、他者（特に養育者）との関係を築くことが大きな課題になります。

　ボウルビィが提唱したアタッチメント（愛着）理論では、乳児期に特定の人間（母親であることが多い）との間に情緒的な絆（愛着）が形成されることを重視します。愛着は、その後の人生でさまざまな他者との関係を築く際に働くと考えられています。

2）心理的問題

　乳児期の1年ほどで急速に発達した能力、移動手段（直立歩行）やコミュニケーション能力（言葉の使用）を用いて、自分から外の世界に積極的に関わるようになります。このときに、自分の能力がまだ限られていることや、家庭の外に出ても恥ずかしくないように養育者から受けるしつけにより、「やりたい気持ち」と「できない現実」という葛藤をどのように対処するかが重要になります。

　また、所属する家庭や社会などが劣悪な場合には、愛着障害や情緒障害などが発生することがあります。

（2）児童期
1）特徴

　児童期は、日本では小学生に当たる時期です。身体的な変化が前後の乳幼児期や青年期に比べると落ち着きます。そして、学校を中心とする社会で要求されることが、乳幼児期に比べて多くなります。また、認知的能力がさらに発達します。

2）心理的問題

　人間関係が広がることで、問題が多様化・複雑化します。自身のストレスや問題を明確に言語化できないため、不定愁訴などの身体症状や子ども返りなどの形で表現されます。また、乳幼児期からの問題が引き続きみられます。

　さらに、学校などで他の子どもや教員との関わりに不適応を起こすと、不登校という問題につながることがあります。

（3）青年期

1）特徴

　青年期は、第二次性徴の発現から始まり、就職や結婚で養育者から自立するまでの時期です。発達加速現象で第二次性徴の発現が早まっていることや、高等教育機関に進学する割合が高まっていることから、青年期が 10 代前半から 20 代半ばまで長期化する傾向にあります。

　青年期には、①養育者からの心理的自立、②第二次性徴による身体の変化を受け入れること、③自我同一性（アイデンティティ）の確立を模索すること、という 3 点が課題になります。

2）心理的問題

　青年期は、身体や人間関係が大きく変化し、自分の将来について大きな決断をする必要性から、さまざまな精神疾患を発症したり、不登校、家庭内暴力などの不適応問題が現れやすくなったりすると考えられています（下山,1998）。

（4）成人期

1）特徴

　成人期は、学校を卒業し、就職や結婚により養育者から経済的にも独立をして、社会に貢献する時期です。かつての発達観では、身体的にも心理的にも完成された状態になる時期とされました。しかし、およそ 20 代から 60 代までの長い時期のため、成人期もある程度分けて考える必要がありそうです。

2）心理的課題

　例えば、ユングは 40 歳前後を中年期として「人生の正午」とよんでいます。この前後では、体力の衰え、認知能力の低下などの身体的変化、子どもの自立や親の介護など家族における変化、管理職への昇進やリストラに遭うなど仕事における変化などが起きる可能性があります。こうした変化にどのように対応するかが、重要な課題になります。

（5）老年期

1）特徴

　老年期は、一般的に 65 歳を目安に始まるとされていますが、人口の高齢化が進む国や地域では、65 歳以上をひとくくりにして論じることは現実的ではないと考えられます。日本のように平均寿命が 80 歳を超える場合、75 歳前後を境に、仕事や育児など社会的な役割から解放される前期と、肉体の衰えや死への過程を意識する後期に分けるという見方があります(松澤, 2009)。

2）心理的問題

　老年期前期には、仕事や育児から解放されることで、自分の社会的役割を見失ってしまう危機に直面する可能性があります。そこで孤独感や無力感が生じると、心理的問題を引き起こす可能性があります。

　老年期後期には、加齢やそれにともなう病気や障害の発生により、身体機能が徐々に衰えていきます。こうした衰退的な変化は、死の意識、意欲の低下、心理的に追い詰められることなどにつながる恐れがあります。

12.4　発達障害

（1）発達障害とは

　発達障害とは、心身の成長・発達が見込まれる一定の順序性や生活年齢に見合った到達度を得られずに、偏りや遅滞がある状態と定義される問題です。近年、学校や職場で、勉強、仕事、人間関係などにうまく適応できない要因としてあげられることがあります。発達障害は、知的な能力全体におよぶこともありますし、ある部分だけ他より著しくできないという偏りが見られることもあります。

　この本では、代表的な発達障害として、知的障害、自閉スペクトラム症、限局性学習障害、注意欠如・多動症について説明します。

（2）知的障害

1）概要

　　知的障害は、精神遅滞ともいわれ、①「全般的な知的機能が同年代と比べて明らかに低いこと」、②「適応機能がその年齢に対して期待される水準より低いこと」、③「18 歳までに生じること」という 3 つの基準により診断されるものです。

　　原因はさまざまで、出生前要因（遺伝、染色体異常、胎内環境など）、周生期要因（低栄養、低酸素、感染症など）、出生後要因（外傷、感染症、不適当な養育環境など）に分類されます。有病率は人口の 1〜2％程度、男女比は1.5：1 とされています（小林・稲垣, 2011）。

2）知的機能

　　知的機能は、思考、記憶、表現などの能力の総体です。知的機能の評価には、統計的に標準化された**知能検査**（第 4 章参照）によって得られる**知能指数**（IQ）を用います。知能指数は、検査で得られた精神年齢を実際の年齢（生活年齢）で割り、それに 100 を掛けると算出できるもので、100 でその年齢相応の知的機能を持つことを意味します。

$$知能指数 ＝ （精神年齢 ÷ 生活年齢） × 100$$

　　一般的には、およそ 70 未満の場合は知的機能に障害があると考えます。知的機能は、学力ばかりではなく、日常生活で物事を判断するときにも用います。

3）適応機能

　　適応機能は、学校や社会などの集団の中で、ルールや周りの様子や状況を理解し、それらに自分の行動を合わせる能力のことをいいます。所属する社会の中で標準的な生活を送るために必要とされる能力です。具体的には下記の通りです。

✧ コミュニケーションが取れる

✧ 基本的生活習慣を理解し、実行できる

✧ 家事を自分でできる

✧ ルールやマナーを理解し、守ることができる

✧ 他者の気持ちを理解できる

✧ お金や物品、スケジュールなどの管理を自分でできる

✧ 仕事をすることができる

✧ 余暇活動に参加して楽しめる

✧ 健康や安全に配慮できる

　知的機能と適応機能によって、例えば「言葉や文章の表現や理解」「お金の計算や時間の計測」「相手の行動を見て、自分を守る対応をする」ことが可能になります。つまり、知的障害は、こうしたことを同年代のようにはできないことを意味します。

4）障害の区分

　知的障害の水準により、軽度、中等度、重度、最重度の4段階の重症度に分類されます。それぞれに特徴的な症状があります（表12.7参照）。

　なお、IQが70から85程度の場合、**境界知能**とされます。IQ70未満の場合ほどは困難さが見えにくいため、支援が受けられない恐れがあります。例えば、学校現場では、学習や集団活動の内容を十分に理解できないまま、通常学級に在籍しているケースがみられます。

5）支援方法

　支援の中心は、社会で活動するための適切な対処スキルを学ぶための**療育**になります。従来からある特別支援学校・学級による特別支援教育体制は整っていますが、軽度や境界知能の人たちは、就学先や就労先の選択肢が少ない場合があります。

　また、知的障害があると身体の問題も合併していることが多く、特に重度・最重度の場合、身体の障害との重複障害があることが多くなります。この

ため、身体の治療やケアを並行して受ける必要があります。

　さらに、能力の制約から自身のストレスをうまく表現できないために、情緒不安定、身体症状、問題行動（自傷他害）などが起こりえます。それらには、薬物療法が活用されます。そして、これらによる自尊感情の低下や抑うつへの対応や自己表現には、心理療法の効果が期待されています。

表 12.7　知的障害の水準と特徴

	知能指数	知的障害全体における割合	特　徴
軽　度	IQ50〜55 からおよそ 70	80%	学齢期まで診断されないことも少なくない。適切な援助があれば成人期に独立して、あるいは多少の監督された状態で地域社会の中で生活し、就労することも可能
中等度	IQ35〜40 から50〜55	10%	一般に学習能力が小学校低学年を超えることは難しい。適切な指導や訓練により、身の回りのことや多少熟練を要する仕事が可能
重　度	IQ20〜25 から35〜40	3〜4%	学齢期前の学習課題もわずかしか身につかない。十分整った環境であれば、単純な作業や仕事が可能
最重度	IQ20〜25 以下	1〜2%	一般にコミュニケーション能力や運動能力に制限が著しい。成人に至っても、かなり配慮が行き届いた環境（場合によっては医療ケア）が必要である。そうした環境では単純な技能は獲得可能

（3）自閉スペクトラム症（自閉症）

1）概要

　自閉スペクトラム症は、コミュニケーションや感覚の問題、興味や行動の範囲の狭さが見られます。DSM や ICD では、1943 年にアメリカの精神科医**カナー**が報告した自閉症の他に、1944 年にオーストリアの小児科医**アスペル**

ガーが報告したアスペルガー症候群（重篤なコミュニケーションの障害がないなど）、小児期崩壊性障害、レット症候群などがあげられています。

　自閉スペクトラム症という言葉は、DSM-5 から用いられています。スペクトラムとは連続体という意味で、自閉症の特徴は当事者によって濃淡や強弱があり、はっきりと境界線を引くことができないという考え方に基づくものです。DSM-5 を参考にすると、次の 3 種類の特徴が見られます。

2）特徴
① 社会的コミュニケーションや対人的相互作用の問題

　まず、他者とのやり取りが難しいという問題があります。例えば、「相手との距離が近すぎたり一方的だったりする」「通常の会話のやり取りができない」「興味や感情を他者と共有しにくい」などがあげられます。

　そして、コミュニケーションに問題があります。具体的には、「表情や視線などの非言語的メッセージを理解したり使ったりできない」「言葉の意味をそのまま理解するため、暗黙の了解や冗談を理解できない」「欲しい物を言葉で表現するのではなく、人の手を取って何かをさせようとする（クレーン現象）」などがあげられます。

　さらに、状況に合わせた行動がとりづらいという問題があります。想像上の遊び（例：ごっこ遊び）を他者と一緒に行うことや、仲間に興味を持つことが困難です。

② 興味や行動の範囲が狭い

　常同的または反復的な運動、物の使用、会話が見られます。例えば、「同じ動作を長時間繰り返す（例：手をひらひらさせる、クルクル回る）」「独特な言い回し」「反響言語（言葉や音節の意味に関係ないおうむ返し）」などがあげられます。

　そして、行動や習慣を変えることが苦手です。例えば、儀式的な行動様式をとったり、興味が限定されて、ある対象に強くこだわったりします。

③ 感覚刺激に対する過敏さと鈍感さ

　ある感覚刺激を過度に嫌がったり熱中したりします。例えば、聴覚では特定の音を嫌がります。触覚では触られることは極端に嫌がり、特定の感触の物は好んでずっと触っていたりします。また、痛みや体温には無関心のように見えます。味覚では過敏で特定のものしか食べません。嗅覚も過敏で何でも匂いを嗅ぎます。視覚では特定のものを長時間見つめていたり、自分に近づけて見たりします。

3）疫学

　自閉スペクトラム症は、知的障害、脳波異常、睡眠障害を併発するといわれています。特に、知的障害は自閉症の全体の 8 割程度で見られるとされ、知的障害をともなわない残りの 2 割（IQ が 70 以上）は、特に「**高機能自閉症**」といわれます。

　文部科学省では、自閉症は 3 歳位までに現れ、中枢神経系に何らかの要因による機能不全があると推定されると定義しています。つまり、親の養育や心因による障害ではありません。

　出現率は 1〜2%程度で、男女比は 4：1 で男性に多いとされています（次良丸・五十嵐, 2002; 毛利, 2015 など）。

4）支援方法

　知的障害と同じく**療育**が支援の中心になります。コミュニケーションや想像力に障害があるため、理解しやすい方法を活用しながら、生活習慣や社会的活動に必要なソーシャルスキルを身につけさせることを目指します。

　薬物療法は、自閉症の中核症状に作用するわけではありません。脳波異常や睡眠障害の治療、イライラや抑うつなどの緩和に用いて、療育への取り組みを支援します。なお、心理療法は、抑うつなどの二次的障害の緩和や、人に関わりたいという気持ちを生む効果を期待されています。

（4）学習障害（限局性学習障害）

1）概要

学習障害（**LD**；Learning Disorders, Learning Disabilities）は、知的な問題はないのに学習や行動に困難がある状態として、ディスレクシアや微細脳機能障害という名称で比較的古くから知られていました。

DSM-5 では限局性学習障害といい、読み、書き、計算の障害と定義されています。教育領域では、1999 年に文部省が「基本的には全般的な知的発達に遅れはないが、聞く、話す、読む、書く、計算する又は推論する能力のうち特定のものの習得と使用に著しい困難を示す様々な状態」と定義しました。

2）特徴

学習障害は認知のどこかで問題が起きている障害ではないかと考えられています。認知のどの部分に障害があるかは、人によって異なります。例えば、次のような困難が考えられます。

① 目で見たものを区別して読み取る
② 聞いたものを区別して聞き分ける
③ 見たものや聞いたものから必要な情報だけを取り出す
④ ２つ以上の感覚を合わせて使う
⑤ 文の決まりを理解する
⑥ 注意を向けたり記憶したりする
⑦ 空間をイメージする
⑧ 計算をする

DSM-5 では、障害の現れ方によって読字障害、書字表出障害、算数障害と分類しています。

読字障害：文字をまとまった単語としては読めない。途切れたり、読み間違えたりする。読んでいるものの理解が難しいこともある
書字表出障害：綴りを間違える。似ている文字と間違える。鏡文字を書く。形態がアンバランス。書き写しができない
算数障害：数の大小や、関係の理解、計算の習得が難しい

3）疫学

　学習障害の特徴は、視覚障害、聴覚障害、知的障害など別の障害によるものではなく、脳機能の障害が背景にあると考えられています。

　日本での出現率は2〜5%で、男女比3：1〜5：1で男性の方が多いとされています。また、注意欠如・多動症など他の障害の合併が報告されています。

4）支援方法

　就学して学習や集団行動が始まると問題が目立ち始めます。学校での時間は授業が中心なので、学校にいる時間の多くで苦痛を感じることになります。また、成績の良し悪しが自尊感情に与える影響も小さくありません。そこで、問題に応じて教材の工夫、板書や発表時の支援、座席の位置や自主学習の配慮などを行う必要があります。

　また、自分が抱える問題の原因を正しく理解することを助ける心理教育や、抑うつなどの二次的障害への心理療法などを行うこともあります。

(5) 注意欠如・多動症

1）概要

　注意欠如・多動症（**AD/HD**；Attention Deficit/Hyperactivity Disorder）は、不注意、多動性、衝動性という3つの行動上の問題がみられます。

① 不注意

　特定のことに意識を向けて集中を持続することが苦手です。このため、学習や活動に継続的に取り組んだり最後まで取り組んだりすることや、約束やルールを覚えたり話を最後まで聞いたりすることに困難が生じます。

② 多動性

　周りの刺激に反応してしまい、本人の意識とは関係なくいつの間にか動いてしまいます。このため、落ち着いていられなかったり、離席したり、話が止まらなかったりします。

③ 衝動性

　頭の中で考える前に行動してしまいます。このため、話に割り込んだり順

番が待てなかったり、気持ちが抑えられずに言葉や態度にすぐに表してしまったりします。

2）類型と経過

不注意、多動性、衝動性の現れ方の強弱は人によって異なります。その現れ方によって、混合型、不注意優勢型、多動性−衝動性優勢型の3つのタイプに分類されます。

また、現れる特徴は発達段階で次のように異なります。

乳幼児期：多動が目立ちます
小学校低学年：多動性と衝動性が目立ちます
小学校高学年：歩き回りは減りますが、衝動性は変わりません
中学生：衝動性は少しずつ落ち着いてきますが、不注意は減らずに目立つようになります
成人後：それまでに周囲が適切な対応をし、言動のコントロールを教えられていれば、ほぼ問題なくやっていけます

一方で、子どもの頃には問題が指摘されなかった人でも、成人後に仕事や家事がうまく行えないなどの理由で AD/HD という診断を受ける人もいます。

3）疫学

原因は、中枢神経系に何らかの要因による機能不全があると推定されています。問題の発生は7歳以前にあり、その後も継続します。

出現率は、研究により幅がありますが、学齢期で3〜7%とされています。男女比は、2：1〜9：1で男性の方が多いとされています。

4）支援方法

AD/HD の支援では、多動と不注意の症状を軽減するために薬物療法が用いられます。そして、薬物で症状が落ち着いたら、適切な対応方法を学ぶための**療育**や教育を行います。

療育や教育で重視することは3点あります。

①「余分な刺激をできるだけ排除する」
②「約束してできたことを賞賛する」
③「良い面を見る」

これらによって自尊感情を高めることをねらいます。

また、症状によって起きる問題で、叱責やからかいを受けたことで傷ついた自尊感情をケアするために、心理療法を用いることもあります。

第**13**章 精神疾患

　精神疾患は、当事者の認知、行動、感情を普通とは違う状態にします。「普通とは違う」状態とは、①「普通は起きないことが起こっている状態」と、②「普通は起きることが起きなくなっている状態」の２つに大別されます。

　この章では、代表的な精神疾患の症状や支援方法を紹介します。

13.1 統合失調症

(1) 概要

　統合失調症は、思考を中心に、現実検討、感情、意思伝達などに障害が起こる精神疾患です。日本語ではかつて精神分裂病といわれていましたが、2002年8月に統合失調症に変更されました。統合失調症の症状は、通常は見られない体験をする**陽性症状**と、通常は保持されている能力が失われたり衰弱したりする**陰性症状**の２つに大別できます。発症直後の急性期には陽性症状が強く、慢性期になると陰性症状が前面に出てきます。

　10代後半から30代半ばにかけて発症することが多く、有病率は、人口の0.5～1.5%で、およそ100人に1人が発症します。この比率は、世界中どの国でもほぼ一定とされています。

　原因は、何らかの遺伝的要因の関与が想定されますが、それだけでは説明しきれておらず、対人関係や生活環境によるストレスなどの後天的な要因も関与していると考えられています。

　発症すると、社会的または職業的機能が低下しますが、必ずしも社会活動ができなくなるわけではなく、発症を気づかれないこともあります。

（2）症状

1）幻覚

　存在しない外部刺激が存在していると、確信的に知覚する異常体験のことです。統合失調症では、おもに聴覚による幻覚である**幻聴**が現れます。聞こえるものの多くは、存在しない人の声です。この声の多くは、自分を批判するもの（悪口や噂話）が多く、自分に対して言ってきたり、複数の人の会話として聞こえてきたりします。また、自分が考えていることが話し声のように聞こえてくることもあります。

2）妄想

　相反する証拠があっても変わることがない固定した信念のことで、誤った思考内容を確信している状態です。その内容やテーマはさまざまです。妄想の中でも、社会的に理解不能で、通常の生活体験からかけ離れているものを、奇異な妄想といいます。

　妄想の中で最も多いものは、**被害妄想**です。他者からの迫害、追跡、注察を訴えます。また、関係のない他者のしぐさや言葉を自分と関係づける、**関係妄想**もよく見られます。

　奇異な妄想は、心や身体を自分でコントロールできなくなったと感じるもので、「させられ体験」ともいいます。例えば次のようなものです。

- ✧ 外部の力で傷跡も残さずに自分の体内の臓器が抜き取られて、他人の臓器と入れ替えられたと感じる
- ✧ 思考奪取：外部の力で自分の考えを抜き取られたと感じる
- ✧ 思考吸入：外部の力で自分の考えでないものが入れられたと感じる
- ✧ 思考干渉：自分の考えが他人に干渉されると感じる
- ✧ 思考伝播：自分の考えが人に伝わったり、知られてしまうと感じる
- ✧ 被影響妄想：自分の身体が外の力で動かされていると感じる

3）まとまりのない思考（発語）

　まとまりのない思考（発語）とは、ある言葉（話題）から、次の言葉（話

題）へのつながりが悪く、意味不明な思考や発言のことをいいます。このために、他者とのコミュニケーションが損なわれます。例えば、①「ある話題から別の話題にそれること（脱線または**連合弛緩**）」、②「質問に対して、関係が少ない、または関係がない回答をすること（接点がないこと）」、③「ひどくまとまりがなく、ほとんど理解不能な発語（**滅裂**）」、④「単語と単語の結びつきもない状態（**言葉のサラダ**）」などがあげられます。

４）ひどくまとまりのない、または異常な運動行動（緊張病を含む）

「ひどくまとまりのない行動」とは、その意味が不明で、了解不能な行動のことをいいます。種類はいろいろありますが、奇妙な身なりをしたり、予測できない興奮が起きたりすることなどがあげられます。

緊張病性の行動とは、①「環境への反応がなくなること」と、②「反応が過剰になること」の２つがあげられます。

反応がなくなることは、①「意識はあるが反応が全くなくなること（**昏迷**）」、②「指示を拒否すること（**拒絶症**）」、③「発語がなくなること（**無言症**）」、④「硬直した姿勢を取り続けること（**硬直**）」、⑤「人からとらされた姿勢をとり続けること（**カタレプシー**）」、⑥「何でも他者の言ったとおりに動くこと（**命令自動**）」などがあります。

反応が過剰になること（**緊張病性興奮**）は、目的や理由がない過度な運動活動を指します。例えば、大声を出す、暴れる、走り回る、衝動的な行動などがあげられています。

５）陰性症状

感情、意欲、思考が失われたり、衰弱したりする状態です。感情が貧困で空疎な感じがするとされています(森, 2010)。

① 感情の平板化

感情の起伏や表出が乏しくなります。例えば、表情が乏しく硬いこと、アイコンタクトや身振りが減ること、発語の抑揚が低下することなどです。

② 意欲の欠如

自発的な目的に沿った行動が減少します。仕事や社会活動への参加に興味を示さなくなったり、長時間じっと座ったままであったり（**無為**）、室内に閉じこもったり（**自閉**）します。

③ 思考の貧困

会話の量や内容が減少します。自分から発話することが減り、相手の問いかけに対して、短く、そっけなく、内容もない答えをするくらいになります。

④ 快感消失

良い刺激から喜びを感じたり、過去に体験した喜びを思い出したりすることができなくなります。

⑤ 非社交性

社交的でなくなり、他者との交流ができなくなります。

（3）症状の分類

統合失調症の症状の分類には、前述の陽性症状と陰性症状の他に、スイスの**ブロイラー**の基本症状やドイツの**シュナイダー**の一級症状があります。

ブロイラーの基本症状は、精神機能の統合に関係するもので、「連合弛緩」「感情障害」「自閉」「両価性」の4つがあげられています。

シュナイダーの一級症状は、①考想化声、②対話性幻聴、③批評性幻聴、④身体的被影響体験、⑤思考奪取その他思考への干渉、⑥考想伝播、⑦妄想知覚、⑧感情や欲動や意志の領域における他からの作為や干渉の全て、という8つの症状があげられています。一級症状が存在して身体疾患がない場合に、統合失調症と診断される可能性があると考えられました。

（4）統合失調症の類型

統合失調症では、必ず上記の症状全てが現れるわけではなく、発症する時期にも違いが見られます。顕著に現れる症状の特徴や発症時期で、統合失調

症を**妄想型**、**解体型**、**緊張型**、鑑別不能型、残遺型の5つの類型に分けていました。この中で中心的なものは、最初の3つですが、ドイツの**クレペリン**が3つの精神症状から統合失調症のもとになる概念をまとめたことや、ブロイラーがスキゾフレニアという名称を提案した中で、統合失調症にはいくつかの類型があると考えられてきました（表13.1参照）。

表 13.1　統合失調症の類型

型 名	発症しやすい年代	おもな症状	予 後
妄想型	20代後半以降	妄想や幻覚（おもに幻聴）。まとまりのなさや陰性症状は少ない	比較的良い。社会生活の維持も可能
解体型（破瓜型）	思春期（破瓜期）	まとまりのなさや陰性症状。緩やかに症状が現れる	発見が遅れると悪い。社会生活の維持が難しいことも少なくない
緊張型	20歳前後	興奮や昏迷などの緊張病性の症状が急激に現れる	比較的良いが、再発することもある

　この3型のどれか判断がつきにくいものを鑑別不能型といいます。また、残遺型は、以前見られた陽性症状が軽減して陰性症状だけが残っているという、比較的軽症な統合失調症の慢性症状がある状態です。

(5) 統合失調症スペクトラム

　DSM-5では、スペクトラム（連続体）という概念を用いて、以前は羅列されていた統合失調症カテゴリー内の各診断を、「**統合失調症スペクトラム**」という一連の連続体としてまとめました(岩田, 2014)。妄想、幻覚、解体した思考・会話、ひどくまとまりのない言動または緊張病性の行動、陰性症状という、5つの統合失調症の中核症状の有無、強弱、持続期間によって重症度を分けています。具体的には表13.2の通りです。

表 13.2　統合失調症スペクトラム

重症度	診断名	特　徴
軽度	統合失調型（パーソナリティ）障害	統合失調症の特徴は見られるが、5 つの症状はいずれもはっきりと認められない
	妄想性障害	5 つの症状のうち、妄想 1 つだけがある
	短期精神病性症状	5 つの症状が 1 つ以上認められていても、1 か月以内に完全回復した
	統合失調症様障害	統合失調症の診断基準を満たすが、6 か月以内に基準を下回った
重度	統合失調症	統合失調症の診断基準を満たし、6 か月以上持続している

（6）支援方法

1）急性期の支援

　急性期には、幻覚や妄想などの陽性症状が目立ちます。陽性症状は、周囲を困惑させると同時に、当事者本人も落ち着かず辛い状態です。そこで、薬物によって、鎮静と幻覚や妄想の軽減をさせることが必要です。薬物療法によって、陽性症状が消失・軽減している状態である寛解（かんかい）を目指します。

　また、安静や養生が必要です。当事者が安心して治療に専念する場を確保するために、入院治療が選択されることもあります。

　援助につなぐためには、幻覚や妄想の存在を頭から否定するような態度をとらないことが大切です。例えば、当事者が訴える知覚や認知があるということを前提に立ちます。そして、それゆえに辛い思いをしているのではないかと共感します。そうした辛さの軽減のために、薬物や入院治療が役に立つかもしれないという勧め方をします。

> **コラム：幻覚や妄想の影響**
>
> 幻覚や妄想を体験している当事者は、大きな精神的苦痛を感じています。その結果として常識では考えられないような言動や行動を行うことがあります。例えば、当事者が幻聴によって他の人に聞こえない声が聞こえると言い続ければ、声が聞こえない周囲は変だと感じます。また、自分の悪口が幻聴として聞こえ続ければ、それを避けようと部屋に閉じこもったり、聞こえるように感じる方向に向かって大声で反論したりするかもしれません。こうした行動は、周囲からすれば、何の理由もなく、引きこもったり大声で叫んだりしているように見えるでしょう。

２）慢性期の支援

 慢性期には、陽性症状が軽減して、陰性症状とそれにともなう抑うつ症状が前面に出てきます。こうなってくると、症状の再発防止のために薬物療法を継続しながら、社会復帰を考えて、社会的・職業的機能を回復するためのリハビリテーションが必要になります。例えば、**集団面接**や**生活技能訓練**（第5章および第11章参照）が行われます。

 また、症状とのつき合い方や生活指導のために心理療法を行うこともあります。さらに、再発防止のために当事者の家族に行う家族教育も有効です。つまり、統合失調症の治療は、薬物療法とリハビリテーションと心理的援助の3本柱で行います。

13.2　うつ病と双極性障害

(1) 概要

 感情が正常に機能しなくなり、気分の変調が起こる精神疾患があります。気分の変調には、「**うつ**」とよばれる気分が落ち込んだ状態と、「**躁**」とよばれる気分が高揚した状態があります。気分の変調に関する精神疾患には、うつだけが続く**うつ病**と、躁とうつの両方がかかわる**双極性障害**があります。人は誰でも、少なからず気分の浮き沈みを経験しますが、うつ病と双極性障害は、その程度や期間が著しく、睡眠障害などの身体症状も現れます。

　うつ病と双極性障害を、**クレペリン**は「**躁うつ病**」とよび、DSM-IVまでは**気分障害**としてまとめられていました。しかし、DSM-5からは気分障害という言葉がなくなり、別々の病気として扱われるようになりました（鈴木, 2014）。2つの病気は発症についての特徴に相違点が見られます。

（2）うつ病
1）症状
　気分が落ち込んだ状態が続く疾患です。DSM-5では、抑うつ障害のカテゴリーに入ります。症状は、精神症状と身体症状があります（下記参照）。

- 抑うつ気分：悲しい、気分が晴れない
- 興味または喜びの減退
- 体重の増加または減少（1か月に5%程度）
- 食欲の減退または増加
- 不眠または過眠
- イライラして落ち着かないこと。または、頭の働きや身体の動きが遅くなる
- 疲労感または気力の減退
- 無価値観または罪責感
- 思考力や集中力の減退、または決断困難
- 自殺念慮または自殺企図

　上記の症状が一定数見られ、2週間以上存在すると、うつ病と診断されます。また、症状は、朝は最悪の状態で夕方は持ち直すというように、1日のうちでも変動が見られます。これを**日内変動**といいます。

2）有病率
　発症の頻度は、10人に1人が一度は経験するといわれます。年代は若年者から高齢者まで発症の可能性があります。男女比は2:1で男性が多いとされています。
　パーソナリティとの関係では、まじめな人はうつ病エピソード（病気の期

間）時に、症状のために動けない自分に自責感を持ちやすくなります。また、躁やうつになりやすい**病前性格**というものがあるとされています（第 14 章参照）。

（3）双極性障害
1）症状

高揚した状態と落ち込んだ状態という 2 つの気分が繰り返し現れるか、高揚した状態だけが現れます。高揚した状態が重いと躁病エピソードといわれ、うつ病とは反対に、生きるエネルギーが充満している状態です。具体的な症状は次の通りです。

- ✧ 気分の異常かつ持続的な高揚：易怒性
- ✧ 自尊心の肥大・誇大
- ✧ 多弁
- ✧ 観念奔逸：次々と考えが浮かぶ
- ✧ 睡眠欲求の減少：睡眠時間が短くても平気
- ✧ 注意散漫
- ✧ じっとしていられない
- ✧ 困った結果になる可能性が高い活動に熱中：買い漁り、性的無分別、ばかげた事業に投資など

2）症状が続く期間

躁病エピソードは、DSM-5 では「少なくとも 1 週間」続くとされています。持続期間中には、社会活動や仕事に障害を起こし、自傷他害を防ぐために入院が必要なくらい重篤になります。

また、躁病エピソードよりも躁病の症状の持続期間が短いと (DSM-5 で「少なくとも 4 日間」)、軽躁病エピソードといいます。この場合には、社会活動や仕事への障害は起きず、入院が必要なほどは重篤ではありません。

一方、落ち込んだ状態を抑うつエピソードといい、うつ病と同じ症状が現れます。

　躁病エピソードと軽躁病エピソードおよび抑うつエピソードのサイクルは、数週間から数か月、場合によっては数年単位となっています。それぞれのエピソードが終われば、元の落ち着いた状態（寛解期）に戻ります。

3）症状のタイプ

　双極性障害には、躁病エピソードが必ず存在し、抑うつエピソードがあったりなかったりする双極Ⅰ型障害と、1回以上の軽躁病エピソードと1回以上の抑うつエピソードからなる双極Ⅱ型障害があります。

4）有病率

　発症の頻度は100人に1人程度といわれ、発症する年代は10〜20代が多いようです。また、男女比はほぼ同率です。

（4）支援方法

1）抑うつ状態への支援

　うつ病や抑うつエピソードには、休養と薬物療法と心理療法を併用します。うつ病は生きるエネルギーは減弱している状態なので、本人はとても苦痛な状態です。気力・体力の回復とともに、治療で楽になることを根気強く伝えます。これは自殺の危険があるからです。

　心理療法では、自責の念や否定的に物事を見る特徴（スキーマ）を取り扱い、クライエントの考え方や他者とのコミュニケーションを肯定的な方向に変化させて、再発防止を図ります。

2）躁状態への支援

　躁病エピソードや軽躁病エピソードには、薬物療法や入院治療による、鎮静と行動の抑制が必要です。ただし、本人の感覚的には、エネルギーに満ち溢れて調子が良いので、病気という認識（病識）がなく受診につなげることが難しいかもしれません。

　薬物療法で落ち着いたら、本人に躁の状態は決して普通の状態ではないのだという病識を持たせて、再発防止のため心理教育を行います。抑うつエピ

ソードでも躁病・軽躁病エピソードでも、その期間中には「大事なことを決めさせない」ことが重要です。

13.3 不安症群

(1) 概要

　不安症とは、過剰な恐怖および不安を感じて、それによって重要な社会的活動ができなかったり支障が起きたりすることです。あるいは、ある場面に出向くことを避ける状態になることもあります。

　恐怖とは、現実や切迫していると感じる脅威に対する情動反応（急激な感情の動き）のことです。一方、不安とは、将来の脅威に対する予期のことです。ともに、身体的・生理的および行動上の変化をもたらします。

　不安症は、かつては「**神経症**」としてまとめられていましたが、DSM-Ⅲ以降はいくつかの障害に分けられるようになりました。

(2) 種類

　不安症は、不安を感じる対象やきっかけなどで、いくつかに分類することができます。この本では、DSM-5 の分類をもとに 5 つの障害を説明します。

1）パニック症
① 概要

　「繰り返される予期しない**パニック発作**」が起こる障害です。パニック発作とは、突然、激しい恐怖または強烈な不快感が高まることです。発生から数分以内にピークに達します。DSM-5 では下記の症状が 4 つ以上起こるとしています。「繰り返される」とは 2 回以上起こるということで、「予期しない」というのは、きっかけがわからないということです。きっかけがはっきりしてそれ以外でパニック発作が起きない場合は、パニック症とはいわず、それぞれきっかけごとに「○○症」などの診断名がつきます。

　発作そのものとともに、発作が再び起きることや発作によって起きる結果の心配（**予期不安**）によって、仕事や運動を避けようとします。

② 症状

パニック発作では、下記の身体症状や精神症状が起こります。これらが起きるきっかけは本人にもわからないため、不安が募ります。

- ✧ 動悸、心悸亢進（心臓の鼓動が平常よりも速く激しくなること）、または心拍数の増加
- ✧ 発汗
- ✧ 身震い、または震え
- ✧ 息切れ感、または息苦しさ
- ✧ 窒息感
- ✧ 胸痛、または胸部の不快感
- ✧ 嘔気、または腹部の不快感
- ✧ めまい感、ふらつく感じ、頭が軽くなる感じ、気が遠くなる感じ
- ✧ 寒気または熱感
- ✧ 異常感覚（感覚麻痺、またはうずき感）
- ✧ 現実感消失、または離人症
- ✧ 抑制力を失う、または「どうかなってしまう」ことへの恐怖
- ✧ 死ぬことに対する恐怖

③ 有病率

有病率は、DSM-5 によると、地域や人種による差があるようで、日本が属するアジアでは、0.1〜0.8％とされています。男女比は、女性が男性の 2 倍程度多く発症するとされています。

発生しやすい年代は、青年期になると徐々に増加して、成人期がピークとなっています。特に、20〜24 歳が発症年齢の中央値になっています。

2）広場恐怖症
① 概要

ある種の状況にさらされることや、それらを予期することをきっかけにして起きる恐怖または不安のことです。以前はパニック障害に含まれていまし

たが、DSM-5 から分けられました。発症する状況は、DSM-5 では次の 5 つのうちの 2 つの状況としています。単に広い場所が怖いわけではありません。

❶ 公共交通機関の利用
❷ 駐車場、市場、橋など広い場所にいること
❸ 店、劇場、映画館など囲まれた場所にいること
❹ 列や群衆の中にいること
❺ 家の外に 1 人でいること

このような状況で、先ほどのパニック発作のような症状が起きたときに、逃げ場がないことや助けが得られないことに強い不安を感じます。また、このような状況に出向かないように回避したり、同伴者が必要だったり、強い苦痛を耐えていたりします。

② 有病率

DSM-5 によれば、青年期と成人期の約 1.7%とされています。男女比は、女性が男性の 2 倍程度多く発症するとされています。なお、青年期後期から成人期早期に発症のピークを迎えます。

3）社交不安症
① 概要

よく知らない人から見られる、あるいはよく知らない人たちの中で何かをして注目されるという状況に、恐怖や強い不安あるいは苦痛を感じます。例えば、他者から、「不安や緊張が強い」「弱々しい」「変である」「愚かである」などと思われることに恐怖を感じます。また、不安を感じていることで「手や声が震えていること」や「顔が赤くなっていること」に、他者が気づくのではないかということを恐れています。

こうした恐怖や不安の結果、人前に出るとほとんど常に、身体症状や精神症状（動悸、震え、発汗、胃腸の不快感、下痢、筋肉の緊張、赤面、混乱など）が起きます。

つまり、「人前で恥ずかしい思いをする」ことを恐れています。このため、しばしばその状況を回避しようとします。**対人恐怖**ともいわれます。

② 有病率

DSM-5 によれば、有病率は 0.5〜2.0％で、男女比は男性の方が多いとされています（1.5〜2.2 倍）。典型的には 10 代半ばで発症して、歳をとると有病率が減る傾向にあります。

４）限局性恐怖症
① 概要

特定の対象または状況に対して顕著な恐怖と不安を感じます。単に何かが怖いというだけではなく、毎日の生活、仕事や学業、または社会生活が著しくさまたげられている場合に限って、限局性恐怖症の診断がつけられます。複数の限局性恐怖症を持つケースも見られます。

恐怖を感じる対象ごとに、次のように分類されます。

❶ 動物型：動物または虫。例えば、蜘蛛、犬など
❷ 自然環境型：嵐、高所、水など
❸ 血液・注射・負傷型：血を見ること、注射針、侵襲的な医療処置など
❹ 状況型：航空機、エレベーター、閉所など
❺ その他：窒息や嘔吐につながる状況

これらの対象に関して、**トラウマ**（心的外傷）になるような出来事を体験すること、ある状況下でのパニック発作、事故や恐怖場面の目撃、情報に触れることなどは、発症につながります。

② 有病率

有病率は、DSM-5 によると、地域による差があるようで、日本を含むアジアでは、2〜4％とされています。また、子どもの有病率が成人よりも高くなっています。男女比は、女性が男性の 2 倍程度多く発症しています。ただし、血液・注射・負傷型は男女ほぼ同率になっています。

③ 経過

　小児期や青年期で発症した場合は、軽快と増悪を繰り返します。成人期以降まで継続した場合は寛解しにくいとされています。

　なお、特定の対象への恐怖というだけで医療機関を訪れる人は少なく、他の不安症や精神障害が併発していることが多いといわれています。

5）全般性不安症
① 概要

　多数の出来事や活動に対して、理由が定まらないで過剰な不安や心配（予期）が生じることをいいます。不安や心配が、生活に支障をきたすほど過剰に長期間続いており、自分でコントロールできません。不安の対象は、仕事や学校の出来栄え、家計、家族の安全、災害発生のリスクなどです。

　不安によって、落ち着きのなさ、緊張感、易疲労感（疲れやすさ）、集中困難、易怒性（怒りっぽい）などの精神症状と、筋肉の緊張や睡眠障害のような身体症状が現れます。

② 有病率

　有病率は0.4〜3.6％で、女性の方が男性より2倍多いとされています。発症する年齢は、中央値が30歳で小児期から成人期まで広範囲にわたっています。

（3）不安症群の支援方法

　不安症群には、薬物療法と心理療法（特に認知行動療法）を併用して支援していきます。

　薬物療法は、日常生活に支障をきたさない程度に不安を抑えることと、強い不安が生む抑うつの軽減を目的とします。

　心理療法では、不安や恐怖への対処法を学びます。例えば、「症状観察」「腹式呼吸」「認知の歪みの修正」「恐怖への暴露」を行います。そして、不安があっても「大丈夫」という感覚を面接場面で味わい、その感覚を徐々に日常場面にも広げていきます。

　症状の起こり方や続き方をクライエントにわかりやすく説明する心理教育を行うと、治療の効果が上がるとされています(榎本,2009)。

13.4　心的外傷後ストレス障害（PTSD）

(1) 概要

　心的外傷後ストレス障害（PTSD） は、外傷的出来事（**トラウマ**になるような出来事）にさらされることで発症します。具体的には、自分や他人の身体に重大な危険が及ぶような出来事を体験したり、その現場を目撃したり、近しい人が体験したりしたことで、強い恐怖や戦慄、あるいは自分は何もできなかったという無力感を覚えることを指します。

　外傷的出来事の例としては、戦争、暴行、強盗、誘拐、監禁、強姦、虐待、災害、事故、大怪我、大病があげられます。日本では、震災や事件の被害者および目撃者が発症する事例が注目されています。外傷的出来事にさらされた後には、再体験、回避と麻痺、覚醒亢進という症状が現れます。

(2) 症状

1）再体験

　外傷的出来事を思い出したり考えたりすると、そのときのことが五感によみがえってきたり、夢に出てきたりすることです。

　外傷的出来事に似たようなものや思い出させるものに触れると、強い心理的苦痛や生理的反応（動悸、発汗、吐き気、めまいなど）が起こります。

2）回避と麻痺

　回避は、再体験することが辛いので、それが起きないように、外傷的出来事に関連するようなことを考えること、そのときの感覚を味わうこと、それに関連する話題などを避けようとすることをいいます。

　麻痺は、回避が進んで、そのことを部分的に思い出せなくなったり、精神的・情緒的に感じないようになったりする状態をいいます。

3）覚醒亢進

　興奮や反応性が高まっている状態をいいます。例えば、外傷的出来事を繰り返し夢に見ることで、夜眠りにつくことを恐怖に感じるようになり、睡眠

障害になることがあります。また、常にイライラしていたり、怒りが爆発しやすくなったりします。さらに、注意集中や課題遂行の困難も起こります。

　常に不安を感じて、ちょっとした物音に過度に反応することや、胃痛や頭痛などの身体症状として現れることもあります。

（3）症状の持続期間による違い

　上記の症状が1か月以上続くと PTSD と診断されます。1か月以上3か月未満で急性の PTSD、3か月以上続くと慢性の PTSD と診断されます。また、症状が現れてから1か月経つまでを急性ストレス障害（ASD）といいます。

（4）有病率

　DSM-5 によると、13か月有病率は、アメリカの成人は 3.5％、その他の国々では 0.5～1.0％程度とされています。強姦、戦闘、捕虜、人種的・政治的理由による抑留や虐殺を経験すると、その1/3が PTSD になるとされています。

　また、重度の外傷（交通事故に巻き込まれた、大量狙撃場面に居合わせた）に曝された場合、14～33％に ASD が発生するとされています(森, 2010)。

（5）支援方法

　薬物療法と心理的対応が想定されています。

　薬物療法は、覚醒亢進を抑えるために行います。フラッシュバックに効果があるという報告もあります(森, 2010)。

　その他の症状には心理的対応を行います。当事者の中で起きていることを、肯定的にとらえ直せるように支援します。例えば、再体験には、「乗り越えられる力があるからこそ、体験がよみがえってくるのだ」と考えさせます。そして、回避には「自分を守るためにそうなっているのだ」と考えさせます。さらに、当事者が、遭遇した外傷的出来事に対して何もできなかったという自責の念には、「その場で力になれなかったかもしれないが、それに対して責任を負う必要はない」などと伝えます。

　また、人は辛い体験や記憶を思い出さないようにする作業を脳内で行います（例：防衛機制の抑圧など）。辛い体験や記憶を思い出さないようになるた

めにはある程度の時間がかかるので、その間、時の流れに身を任せて何とか日常生活を過ごしていくように伝えることも援助になるかもしれません。

13.5 強迫症

(1) 概要

　強迫症は、日常生活に支障をきたすほどに強い「強迫観念」か「強迫行為」が存在する状態をいいます。有病率は、DSM-5 では 1.1〜1.8％程度とされています。また、男女比は、小児期には男性の方が、成人期では女性の方が若干多くなっています。発症しやすい年代は、男性は 6〜15 歳、女性は 20〜29 歳で最も多いとされています。さらに、他の精神障害と合併しやすいとされています。

　強迫観念および強迫行動そのものは、通常の人の中にもみられるものです。これが問題になるのは、強迫観念や強迫行動が収まるまでに 1 日 1 時間かけるというように、本人の意思に反して時間を浪費する場合や、社会活動や仕事に障害を起こしたりする場合です。

(2) 強迫観念

　自分の中で繰り返し生じて持続する思考、衝動、イメージのことをいいます。それらの考えやイメージが侵入的で不適切なものであるという自覚は、当事者本人にもあります。そして、そうした思考、観念、イメージを無視したり抑え込もうとしたり、他の思考や行動で打ち消そうとします。

　強迫観念の例として、①衛生に関するもの（例：汚れている。手や身体がきちんと洗えていない）、②安全に関するもの（例：鍵をかけたか。火を消したか。コンセントを抜いたか）、③整理・順番に関するもの（例：置き場所が正しくない。取り組む順番が正しくない）、④攻撃衝動に関するもの、⑤性的空想に関するものがあげられます(森, 2010)。

(3) 強迫行為

　不安または苦痛を避けるか緩和するため、または何か恐ろしい出来事や状

況の発生を避けるために、繰り返される行動や心の中の行為をいいます。強迫観念の**打ち消し**（防衛機制の一種。第 6 章の表 6.1 参照）のために行われたりします。その行動や心の中の行為は、不安、苦痛、恐ろしい出来事を避けることにはつながらなかったり、過剰な対応であったりします。

　強迫行為の行動には、何度もあるいは長時間手を洗うこと、順番に並べること、鍵、火元、コンセントを何度も確認すること等があげられます。

　一方、心の中の行為には、祈る、数える、声を出さずに言葉を繰り返すことなどがあげられます。

(4) 支援方法

　基本的に、不安症群と同じく、薬物療法と心理療法の併用で支援します。その中で、クライエントへの禁句は、「そんなことは気にするな」です。本人も強迫観念および強迫行動の不適切さ・不合理さはわかっています。それでもどうにもならないから辛い思いをしています。

13.6　摂食障害

(1) 概要

　摂食障害とは、食事を摂ることに問題がみられる精神疾患で、神経性やせ症（神経性無食欲症）と神経性過食症（神経性大食症）があります。

　山登(2005)によると、日本では 1970 年代に増え始め、1980 年代に激増したとされています。他の先進国でも、1980 年代以降に増加したとされています。

(2) 神経性やせ症

1）診断基準

　カロリー摂取を必要量と比べて制限して、体重が年齢・性別の正常の下限や期待される最低体重を下回ります。当事者はその状態でも、もっとやせたいと思い、低体重を問題と思っていません。

　摂食制限型と過食・排出型に分けられます。後者はむちゃ食いをした後に、嘔吐や下剤の使用で食べたものを体外に出します。

　診断の基準となる正常体重の下限や重症度は、BMI（体格指数）が指標の 1 つになります。BMI は下記の式で算出します。

$$\text{BMI} = \text{体重 (kg)}/\text{身長 (m)}^2$$

　WHO が採用する正常体重の下限は成人の場合 BMI が 18.5 です。そして、17.0 未満で期待される最低体重を下回ると見なされます。DSM-5 では重症度を、BMI が 17 以上で軽度、16〜16.99 で中等度、15〜15.99 で重度、15 未満で最重度と判定します。

2）症状

　摂取カロリーを極端に低く抑えたまま活動を続けると、痩せて低栄養状態が進みます。そして、低体温、脱水、浮腫、低血圧、徐脈、貧血、無月経、産毛の密生などの身体症状が現れます。さらに、イライラ、無気力、疲れやすさなどの精神症状も現れます。過食・排出型の場合、自分で嘔吐することにより、唾液腺の肥大、歯のエナメル質の欠如、手指に吐きダコができるなども起こります。

　本人の症状と痩せるためのエスカレートした行動が、家族を中心とする人間関係を悪化させることもあります。しかも、人間関係の悪化が異常な食行動を促進するという悪循環も見られます。

3）疫学

　石垣(2015)によると、発生率は 0.1〜0.4%、男女比は 1：10〜20 で女性の方が多いようです。発症のピークは 10 代後半から 20 代前半です。つまり、若い女性に多い問題と考えられています。

（3）神経性過食症

1）診断基準

　むちゃ食いを繰り返しますが、体重の増加を防ぐために不適切な**代償**行為を行います。具体的には、次の 3 つの問題を抱えています。

① **反復される過食エピソード**：他の人よりも食べる量が明らかに多かったり、食べることを抑制できないという感覚でいたりします

② **不適切な代償行動**：過食したけれども体重が増えないように、自分で嘔吐したり、下剤などの薬物を服用したりして、摂取した食物を排出しようとすることです

③ **自己評価が体型および体重に過度に影響を受けている**

DSM-5 では、過食エピソード（期間）と代償行動が、3 か月のうちに少なくとも週 1 回起きると神経性過食症と診断されます。さらに重症度は、週あたりの不適切な代償行動の平均回数で決められます。1〜3 回ならば軽症、4〜7 回ならば中等度、8〜13 回ならば重度、14 回以上ならば最重度とされます。

2）症状

山登(2005)によれば、過食は単なる食べ過ぎではありません。尋常でない量を短時間で詰め込んだり、長い時間をかけてダラダラと食べ続けたりします。しかも、どれだけ食べても満腹感は味わえず、身動きができないほど食べることで、ようやく食事の手が止まります。つまり、食べることが楽しいわけではありません。むしろ、食べ過ぎた自分への自己嫌悪感が生まれて、情緒が不安定になります。

大量に食事を摂取した後に、体重が増えることを恐れて、自分で嘔吐したり下剤などの薬物を服用したりして、食べた物を身体の外に出そうとします。こうした対応が癖になると、症状が長期化するといわれています。また、神経性無食欲症の過食・排出型のように、自分で嘔吐することにより、唾液腺の肥大、歯のエナメル質の欠如、手指に吐きダコができるなども起こります。

3）有病率

石垣(2015)によると、発生率は 1〜4％、男女比は 1：5〜10 で女性の方が多いようです。発症のピークは神経性やせ症よりはやや高いとされています。

（4）発症の要因

　摂食障害は、圧倒的に女性に多い問題で、発生の低年齢化とともに、摂食障害を抱えたまま母親になるケースも増えてきています。かつては女性の**成熟拒否**の表れとされ、母親との葛藤から、母親と同じ性を受け入れられないことが原因とされていました。しかし、近年は、脳内の神経伝達物質のような生物学的要因、性格のような心理的要因、やせた体型を賛美する風潮、それによるダイエット志向、女性の社会参加を巡る問題のような社会的要因が組み合わさって起こると考えられています。

　例えば、心理的要因には、細やかな神経の持ち主が多く、頑張り屋、完全主義の優等生なのに、本人の自己評価は低いこともあげられています。また、家族関係は、特に母親との葛藤を抱えながら、家族への依存欲求も強いというアンビバレント（両価性）な特徴もあるとされています。

　さらに、体重が軽い方が有利とされるスポーツ選手やモデルなどや、体重により階級を分けられたり体脂肪率を減らしたりすることが求められるアスリートは、性別を問わずに発症のリスクがあると考えられます。

（5）支援方法

1）神経性やせ症への介入

　「食べなくてはいけない」という励ましや、「食べないと大変なことになる」という脅しは効果がありません。冷静に知識を伝える心理教育的な対応が有効とされています(山登, 2005)。放置すれば命の危険があるような低栄養状態の場合は、入院させて強制的に体内に栄養を入れることもありえます。しかし、自分の意思と関係なく栄養が身体に入ってくることに強い抵抗感を示すので、心理的対応を行って、本人の不安の軽減や感情面のケアを行うことも必要です。また、家族療法（第 11 章参照）を用いて、家族の協力を得ながら介入を進めていくという考え方もあります。

　栄養状態が入院するほど悪くなければ、外来で体重測定や血液検査によって栄養状態をチェックしながら、心理的対応を行っていきます。

２）神経性過食症への介入

「**自己管理**」をキーワードに、生活を見直す指導・助言を行います。具体的には次のことを行わせます。

① 食事に対する考え方を変えたり食事の記録をつけたりして、食生活のパターンを変えることを目指すこと
② 適切な自己主張をするトレーニングを行うこと
③ 同じ問題を抱える人との悩みを分かち合う集団面接への参加
④ 趣味や適度な運動で身体を動かしたり達成感を得たりしてみること

また、山登(2005)は、食の衝動を抑えることに薬物療法が有効であるとしています。

第14章
パーソナリティの問題

　パーソナリティとは多義的なものですが、時間が経ったり場所が変わったりしても一貫して現れる行動のパターンと考えられます。この章では、パーソナリティの分類方法や大きく偏っている場合などを説明します。

14.1　パーソナリティとは

　パーソナリティとは、個人の中で一貫性があり独自性があるもので、個性といわれる個人差を生むものです。パーソナリティと同義で使われる言葉に、人格、性格、気質などがあります。人格は「人格者」のような価値的基準が含まれます。性格は情動的側面が強調されます。また、気質は生得的・生理的側面を指すことが多いと考えられます。

　パーソナリティを構成する要素は多様なので、ある程度基準を設けて整理する必要があります。そうした基準の1つが類型論と特性論です。

14.2　類型論

(1) 概要

　類型論とは、パーソナリティをいくつかのタイプに分類し、人々をそのタイプのいずれかに当てはめて、共通点や相違点を見ていこうという考え方です。類型論の長所は、多くの人の行動や考え方の特徴の関連性を理解しやすいことです。一方、短所は、多種多様な個性を持っている人間を、特定の少数のタイプに分類するため、切り捨てられてしまう特徴が多々あることです。

　この本では、代表例としてクレッチマーとユングの類型論を紹介します。

(2) クレッチマーの類型論

1）精神疾患と体型の関係

　ドイツの精神医学者**クレッチマー**(1888-1964)は、精神科医として精神疾患を扱う中で、精神疾患の発症と体型に一定の関係があるのではないかと考えました。そこでまずクレッチマーは、体型をやせてひょろ長い細長型、ずんぐりした肥満型、がっちりした闘士型に類型化しました（図 14.1 参照）。

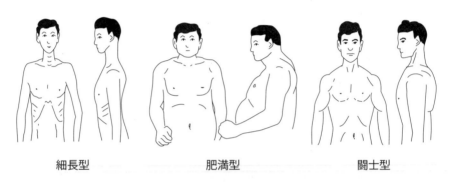

細長型　　　　　　　　　肥満型　　　　　　　　　闘士型

図 14.1　クレッチマーによる体型の分類

(クレッチマー,1955 より改図)

　そして、クレッチマーは、この 3 つの体型と当時主要な精神疾患と考えられていた統合失調症、躁うつ病（気分障害）、てんかんと体型の関連をまとめました。この結果、表 14.1 のように、躁うつ病（気分障害）は肥満型に、統合失調症は細長型に、てんかんは闘士型に多いとしました。

表 14.1　精神疾患と体型の関係（クレッチマー，1955）

	統合失調症	躁うつ病	てんかん
人 数	5,233 人	1,361 人	1,505 人
肥満型	13.7%	64.4%	5.5%
細長型	50.3%	19.2%	25.1%
闘士型	16.9%	6.7%	28.9%
発育異常	10.5%	1.1%	29.5%
特徴なし・不定	8.6%	8.4%	11.0%

２）パーソナリティと体型の関係

　クレッチマーはその後、精神疾患だけではなく、パーソナリティと体型との間にも関係があるのではないかと考えるようになりました。そして、正常な人でも統合失調症や躁うつ病のような特徴を弱いながらも持っていると考えて、分裂気質、循環気質、粘着気質と名づけました。調査の結果、細長型は分裂気質、肥満型は循環気質、闘士型は粘着気質との関連が強いと考えました。それぞれの気質の特徴は、表 14.2 の通りです。

表 14.2　クレッチマーによる気質の特徴（クレッチマー，1955）

分裂気質	第 1 群	基本特徴	非社交的、静か、控え目、まじめ
	第 2 群	過敏性	臆病、恥ずかしがり、敏感、感じやすい、神経質、興奮しやすい
	第 3 群	麻痺、鈍感、自発能力の減退	従順、気立てが良い、正直、落ち着いている、鈍感
循環気質	第 1 群	基本特徴	社交的、善良、親切、温厚
	第 2 群	躁状態	明朗、ユーモアがある、活発、激しやすい
	第 3 群	うつ状態	寡黙、平静、陰うつ、気が弱い
粘着気質	第 1 群	基本特徴	静かでエネルギッシュ、几帳面、硬い
	第 2 群	粘着性	くそまじめ、馬鹿丁寧、回りくどい
	第 3 群	爆発性	自己主張、興奮すると夢中になる、激怒しやすい

（3）ユングの類型論

　分析心理学（第 7 章参照）を提唱した**ユング**は、態度と心理的機能の 2 つでパーソナリティを分類しました。

1）態度

　態度は、心のエネルギーが向く方向のことで、内向型と外向型の 2 つがあります。

　内向型は、自分自身に目を向けて、主観的な判断基準で行動をとるタイプです。つまり、自分がどのように感じたり考えたりしたかということを重視します。他人や世間一般がどのように考えるかではなく、自分が納得できることを大切にします。

　外向型は、周囲の期待、世間の動き、自分自身が置かれている状況のような自分の外側の条件をよく把握して、それを基準に行動するタイプです。つまり、状況に合わせて適応することを大切にします。

2）心理的機能

　心理的機能とは意識の働き方のことで、ユングは「思考」「感情」「直観」「感覚」の 4 種類あると考えました。

　まず、思考は論理的に判断することで、感情は好きか嫌いかという観点で判断することです。ともに判断機能で合理的な働きをする機能です。

　次に、直観は一瞬で目の前のものの全体や裏側までとらえようとすることで、感覚は五感を用いた細かい観察から物事をとらえようとすることです。ともに、説明が難しい非合理的な機能です。

　この 4 つの機能の中で、最も発達し意識的な意志決定に役立つものを優越機能といい、その対にある機能を劣等機能といいます（図 14.2 参照）。

　また、内向－外向と 4 つの心理機能を組み合わせて、表 14.3 のように 8 パターンのパーソナリティに分類されます。

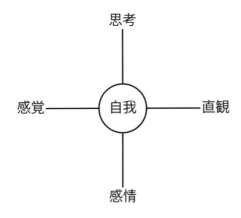

図 14.2　ユングの心理的機能の分類（ユング, 1935）

表 14.3　ユングのパーソナリティ類型（ユング, 1921）

態度 心理的機能	外　向	内　向
思　考	**外向−思考型** 客観的事実や一般的に妥当とされる理念を重視する	**内向−思考型** 主観的な理念から考えつくことを重視する
感　情	**外向−感情型** 現実に合わせて周りに適応することを重視する	**内向−感情型** 外界との交流を求めない、深い内的感情世界
感　覚	**外向−感覚型** 客観的事実をそのまま受け取る感覚が発達している	**内向−感覚型** 現実によって引き起こされる主観的な反応を重視する
直　観	**外向−直観型** 現実の中にある可能性を見つける力が発達している	**内向−直観型** 現実よりも自分の内面で感じたものを重視する

14.3 特性論

(1) 概要

　特性論とは、人のパーソナリティを複数の性格特性が集まったものとみなして、パーソナリティの違いは各特性をどのくらい持っているか、持っていないかを量的にとらえることで把握しようとする考え方です。

　特性とは、さまざまな状況で一貫してあらわれる行動傾向です。例えば、「明るさ」「社交性」「優しさ」などの特徴のことです。特性論では、ある性格特性を持っているか、持っていないかを確かめていき、その組み合わせから、その人がどのような人か理解しようとします。

一般的人格特性	態度	対価値		宗教的	非宗教的
				政治的	非政治的
				芸術的	非芸術的
				経済的	非経済的
				理論的	非理論的
		対他者		社会的知能上 （如才なさ）	社会的知能下
				愛他的 （社会的）	自己的 （非社会的）
				群居的	独居的
		対自己		自負的	自卑的
				自己客観的	自己欺瞞
	表出的			外向的	内向的
				持続的	動揺的
				拡張的	縮小的
				支配的	服従的
心理的生物的基礎	気質			感情強	感情弱
				感情広	感情狭
	知能			機械的知能上 （実際的）	機械的知能下
				抽象的知能上 （言語的）	抽象的知能下
	身体状況			活力大	活力小
				健康良	健康不良
				容姿整	容姿不整

図 14.3　オールポートの心誌

アメリカの心理学者**オールポート**(1897-1967)は、特性には多くの人々が共通に持つ共通特性と、ある個人だけが固有に持つ個別特性があると考えました。共通特性は心理検査でとらえられ、個別特性は事例研究でとらえられるとしています。

イギリスの心理学者**キャッテル**(1905-98)は、パーソナリティの特性には、外部から直接観察できる「表面特性」と、深い部分にある「根源特性」があると考えました。キャッテルは、因子分析という統計的手法を用いて、12個の代表的な根源特性をあげました（表 14.4 参照）。

表 14.4　キャッテルの根源特性

躁うつ病	—	分裂気質
一般的精神能力	—	知能欠如
情緒安定性	—	神経症的情緒不安定性
支配性・優越性	—	服従性
高潮性	—	退潮性
積極性	—	消極性
冒険的躁うつ性気質	—	退嬰的（進んで新しいことに取り組もうとしない）分裂性気質
敏感で小児的・空想的情緒性	—	成熟した安定性
社会的に洗練された教養のある精神	—	粗野
信心深い躁うつ性気質	—	偏執性
ボヘミアン風の無頓着さ	—	月並みの現実主義
如才なさ	—	単純さ

特性論の長所は、人のパーソナリティをA型、B型、C型というどれか1つのタイプに分けないので、細かい特徴まで見ることができることです。

一方、短所は、各特性をどれだけ持っているかの説明だけに終始すると、個人の全体像や独自性が把握しにくくなることです。

この本では、代表例として、ビックファイブ理論と病前性格を紹介します。

（2）ビックファイブ理論

　ビッグ・ファイブ理論とは、性格特性を主要な5因子にまとめて説明しようとするものです。榎本(2003)によると、多くの研究者があげる因子は、**神経症傾向**と**外向性**でした。この他に、ある程度共通して出てくるものが、**開放性**、**協調性**、**統制性**でした。この5因子それぞれの特徴は、表14.5の通りです。

表 14.5　ビッグ・ファイブの各5因子の特性

次　元	高	低
神経症傾向 N Neuroticism	危険に敏感。慎重	危機に動じない。鈍感
外向性 E Extroversion	積極的。刺激を求める。活動的	控え目。刺激を求めない。物静か。臆病
開放性 O Openness to experience	遊び心。好奇心	平凡。堅実。着実。権威や伝統にしがみつく
協調性 A Agreeableness	共感性。思いやり。他者と協調する	自分の独自性を押す。他者に冷淡、敵意を持つ
統制性 C Conscientiousness	意志が強い。勤勉。強迫的	衝動的。ありのままを受け入れる。飽きっぽい。浪費家

（3）病前性格

　病前性格とは、ある精神疾患や神経症などの問題を起こすリスクが高い性格特性のことをいいます。その中の代表的なものをいくつか紹介します。

1）メランコリー親和型性格

　ドイツの精神医学者**テレンバッハ**(1914-94)が提唱した性格特性です。メランコリーとは、「憂うつ」や「うつ病」という意味で、**うつ病**になりやすい性格特性です。

特徴は、実直、几帳面な人柄があげられます。そして、要求水準が高く、思っていたよりも少し仕事ができなかっただけでも自分を責めることにつながります。また、ささいな失敗でも罪悪感を持ちます。

対人関係では、他者への配慮や献身を重視します。この特徴は、他者への一体化に結びつきやすく、自分にとって重要な他者を失うと、自分自身の存在の危機にまで発展することがあります。

２）強迫性格

強迫症（第13章参照）になりやすいとされる性格特性です。強迫性格は、強迫症以外にも、うつ病、神経性やせ症、その他の心身症にも結びつきやすいとされています。

特徴は、几帳面、完全主義、温かくやさしい感情の表現能力の乏しさなどがあげられます。

３）シュナイダーの精神病質の10類型

ドイツの精神医学者シュナイダー(1887-1967)は、自身の臨床経験に基づいて、平均的な基準から外れているパーソナリティをまとめて異常人格としました。そのうち、自分あるいは社会を悩ませるものを**精神病質パーソナリティ**といいます。具体的には、抑うつ性、自己不確実性、無力性、神経症、発揚性、狂信性、自己顕示性、気分易変性、爆発性、情性欠如性、意志欠如性の10個があげられます。このうち、抑うつ性は、気分障害（現在のうつ病や双極性障害）の病前性格と考えられています。

４）森田の神経質性格

森田療法（第11章参照）を提唱した**森田正馬**は、神経症になりやすい性格の傾向をまとめました。

森田によると、神経質性格の人は、内向的、自己内省的、心配性、敏感という弱い側面と、完全主義、理想主義、頑固、負けず嫌いという強い側面を同時に持っているため、内的葛藤が生じやすいとしました。また、身体的変化に敏感で、死・疫病・災害への恐れが強いという特徴があります。

5）下田の執着性格

　日本の精神科医**下田光造**(1885-1978)が1932年に発表した性格特性で、気分障害の病前性格であるとされました。

　特徴は、熱中性、几帳面、強い正義感、責任感、徹底性、律儀、率直があげられます。

14.4　パーソナリティ障害

(1) 概要

　パーソナリティはその人の個性なので、本来はさまざまな違いや偏りがあって当然のものです。ところが、世の中には、この違いや偏りが大き過ぎるため、自分や周りが苦しむことになるケースが見られます。こうした違いや偏りのことを、**パーソナリティ障害**といいます。具体的には、物事の考え方やとらえ方、感情、行動などが、平均から著しく外れているために、社会生活を送ることが困難な状態のことをいいます。例えば、**シュナイダー**は、このような状態を**異常人格**と定義して、「パーソナリティの偏りによって、自分と社会を苦しめる」としました(14.3節参照)。

　パーソナリティ障害は、正常の範囲や精神疾患と重なり合うけれども、それらとは異なるものと定義されています(原田, 2009)。例えば、DSM の診断基準では、精神疾患とは区別されていますが、パーソナリティ障害がある人は、統合失調症、双極性障害、不安症などの精神疾患に当てはまるような症状を見せることもあります。また、**境界性パーソナリティ障害**は、かつて、精神病圏と神経症圏との境界にあるような症状を見せるということで、**境界例**とよばれていました。

(2) パーソナリティ障害の分類

　パーソナリティ障害は、DSM-IVでは、大きく3つのクラスタ（集まり）と、その下位分類として10種の障害に分けられています。この診断基準はDSM-5でも受け継がれて、パーソナリティ障害の診断に一般的に用いられています。パーソナリティ障害のクラスタには、A群、B群、C群の3種類あります。

1）A群パーソナリティ障害：奇妙・風変わり

　A群には、妄想性（猜疑性）、シゾイド（統合失調症質）、統合失調型パーソナリティ障害の3つが含まれます。これらの症状は、統合失調症の症状との類似性が見られます。特に、統合失調型パーソナリティ障害は、DSM-5では統合失調症スペクトラムの中に含まれています（第13章参照）。

表14.6　A群パーソナリティ障害の特徴

全体の特徴	障害名	各障害の特徴
風変わりな印象を持たれる。他者を遠ざけがち	妄想性パーソナリティ障害	他者はだましたり、利用したりするから信頼できないと、根拠なく疑う
	シゾイドパーソナリティ障害	孤独を選択しがちで、他者とのやり取りや親密な関係が築けない
	統合失調型パーソナリティ障害	独特な信念や思考、風変わりな行動や感情表現をする

2）B群パーソナリティ障害：攻撃的・不安定

　B群には、境界性、演技性、自己愛性、反社会性パーソナリティ障害の4つが含まれます。B群のパーソナリティ障害は、周囲の人々との関係に問題を抱えやすいことが特徴です。

表14.7　B群パーソナリティ障害の特徴

全体の特徴	障害名	各障害の特徴
感情の起伏が激しい。周囲の人を巻き込んで、対人関係に問題を起こしやすい	境界性パーソナリティ障害	衝動的で感情の起伏が激しい
	演技性パーソナリティ障害	他人の注目を集めるために、芝居がかった行動をとる
	自己愛性パーソナリティ障害	他人からの賞賛を求める。一方、他人に共感する力は乏しい
	反社会性パーソナリティ障害	法に触れるような反社会的行動をとる

　特に、境界性パーソナリティ障害は、精神分析家のカーンバーグらによると、幼少期の不適切な経験によって、特有の不安定な自我や情緒が生み出されるとしています。

3）C群パーソナリティ障害：不安・引きこもり

　C群には、回避性、依存性、強迫性パーソナリティ障害の3つが含まれます。原田(2009)は、これらの症状の一部が、対人恐怖、甘え、ワーカホリックなどと結びついていて、日本の文化との親和性が高いと指摘しています。

表 14.8　C群パーソナリティ障害の特徴

全体の特徴	障害名	各障害の特徴
対人関係に不安や恐怖を感じやすい。ストレスをためやすい	回避性パーソナリティ障害	他者からの拒絶を恐れて、対人関係が築けない
	依存性パーソナリティ障害	他者に頼りたい気持ちが強く、他者から離れることに強い不安を感じる
	強迫性パーソナリティ障害	完全主義で、柔軟性に欠ける

(3) パーソナリティ障害の要因

　パーソナリティ障害の要因にはさまざまなものが考えられます。そこで、丹野(2002)は、パーソナリティ障害を考えるためには、生物学的要因、心理的要因、社会的要因の3つから検討して、統合する必要があるとしています。

1）心理学的要因

　例えば、正常なパーソナリティのモデルの1つである**ビッグ・ファイブ**の各特性の高低と、パーソナリティ障害の DSM の分類を統合してパーソナリティ障害をみる研究があります(丹野, 2002; 杉浦, 2006)。

　こうした視点でパーソナリティ障害をみると、普通の人の延長線上にいるけれども、ある性格特性の強さによって問題が起きていると考えられます。

2）社会的要因

　例えば、アメリカの心理学者**ミロン**(1928-2014)は、行動パターン（能動性
－受動性）と対人関係（依存型－独立型－両価型－分離型）の組み合わせか
ら、パーソナリティの型を 8 つに分類しました。その分類が、DSM-Ⅲのパ
ーソナリティ障害の分類に影響を与え、基本的に DSM-Ⅳ以降にも引き継が
れています（表 14.9 参照）。

表 14.9　ミロンのパーソナリティ障害の分類法と DSM-Ⅲとの対応（福島,1995 より）

行動パターン	対人関係	ミロンの分類	DSM-Ⅲの分類
能動性	依存型	社交性人格	演技性人格障害
	独立型	攻撃性人格	反社会性人格障害
	両価型	反発性人格	受動攻撃性人格障害
	分離型	回避性人格	回避性人格障害
	その他		境界性人格障害 妄想性人格障害
受動性	依存型	服従性人格	依存性人格障害
	独立型	自己愛人格	自己愛性人格障害
	両価型	順応型人格	強迫性人格障害
	分離型	非社会性人格	分裂病質人格障害
	その他		分裂病型人格障害

　対人関係の影響としては、乳幼児期の親の養育の影響も指摘されています。
これは、乳児期に安定した愛着を形成することができなかったり、幼児期の
分離個体化がうまくいかなかったりしたために、他者や周囲の世界に対する
恐怖感が生まれ、それが対人関係に影響を与えるという考え方です。

　また、親子関係がうまくいかない原因は、虐待や養育放棄のように親の関
わり方が不適切であった場合、親子の相性、子どもの気質や発達障害などが
原因で親の関わりに子どもがうまく反応しなかった場合などがあります。

　さらに、これらの要因があったとしても、思春期・青年期の友人関係のあ
り方によっては、パーソナリティ障害が発生しないという見解もあります。

3）生物学的要因

　生物学的要因は、もって生まれた気質の影響、脳内の神経伝達物質の過不足、発達障害があるために他者とのコミュニケーションを苦手とすることの影響などがあげられています。

（4）支援方法

　この本では、境界性パーソナリティ障害と自己愛性パーソナリティ障害の支援方法を取り上げます。

1）境界性パーソナリティ障害への対応

　境界性パーソナリティ障害の人は、自分の中にある強い不安、葛藤、衝動を自分の中で処理しきれません。そこで、周りの人を巻き込んでその不安や怒りを一緒に処理してもらうことで、自分の安定を得ようとします。周りの人を巻き込んで自分が思うように動いてもらうために、脅しや哀願のような言葉を発すること、暴力をふるうこと、自殺や自傷行為を実行したりほのめかしたりすることなどの手段をとります。

　巻き込まれた周囲の人たちは、当事者への対応に困るだけではなく、当事者に同調する人としない人との間で対立が起きることもあります。

　そこで、パーソナリティ障害の当事者に関わる場合は、援助者だけではなく、家族や職場の関係者間で連絡を取り合い、丁寧に接しつつ当事者の主張に際限なく応えることは避けるようにします。つまり、援助の場でもルールを明確にして、その範囲内で関わることを徹底する**限界の設定**が重要です。

2）自己愛性パーソナリティ障害への対応

　自己愛性パーソナリティ障害の人は、人間関係のトラブル、不眠や抑うつなどが発生したために援助を求めるケースが多いようです。そこで、薬物療法で他の精神的問題を緩和しながら、心理療法で本人の内面や人間関係への自己理解を深めたり、家族や夫婦の関係を変える取り組みを行ったりします。また、入院治療が選択されることもあります。

第15章 記憶の問題

　学校で勉強していると、「自分は暗記科目が苦手だ」という人もいますし、「試験内容は、前日に丸暗記すれば覚えていられる」という人がいます。また、少し前に聞いた話なのにもう忘れてしまっていることもあれば、年をとってからも幼少期の思い出を忘れないということがあります。

　この章では、こうした現象を説明する記憶の仕組みについてみていきます。

15.1　記憶とは

　記憶とは、記憶する材料を記銘し、保持し、再生することをいいます。**記銘**（符号化）とは、何らかのことがらを心に刻み込む機能のことです。**保持**（貯蔵）とは、記銘された内容が消え去らないように維持し続ける機能のことです。**再生**（検索）とは、保持されている内容を取り出す機能のことです。

図 15.1　記憶の段階

　つまり、記憶とは、ある事柄を覚えて、それを忘れないように維持して、それを必要に応じて思い出して活用することをいいます。

　このため、「記憶できない」原因は、記銘の段階での失敗（そもそも記録されていなかった）、保持の段階での失敗（保持することができずに消えてしまった）、検索の段階での失敗（保持はされているけれど見つけだすことができなかった）というようにさまざまなものが考えられます。

　また、記憶は保持できる時間や容量などから、**感覚記憶**、**短期記憶**、**長期記憶**の 3 種類に分類されます。感覚記憶から短期記憶、さらに長期記憶に移行する過程は、図 15.2 のようにまとめることができます。

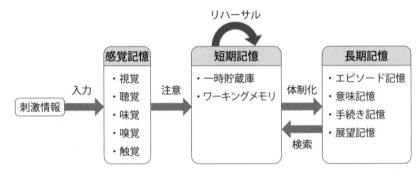

図 15.2　記憶の過程

　それぞれの記憶がどのようなものかを、以下で詳しく説明していきます。

15.2　感覚記憶

　人は生活する中で、自分の内外からさまざまな刺激を受け取っています。このように、感覚器官から視覚、聴覚、触覚、嗅覚、味覚により、外界から多くの情報を得ています。しかし、そのうちのどれが必要で、どれが不必要かの情報の選択は難しいため、ひとまず生の情報をそのまま取り込みます。

　つまり、**感覚記憶**とは、感覚器官に入ってきた情報を、ほとんどそのままでごく短期間保持したものです。

　感覚記憶のうち、視覚情報に対応するものは、図像的な記憶で**アイコニックメモリ**といいます。そして、聴覚情報に関係するものは、擬音的な記憶で**エコイックメモリ**といいます。

　感覚記憶は、瞬間的ですが非常に多くの情報を貯蔵しています。そして、1 秒にも満たない時間の間に注意・選択された情報が、短期記憶に移行します。

15.3 短期記憶

(1) マジカルナンバー

短期記憶は、感覚記憶の中から選択された情報で、そのままでは数秒から数十秒という限られた時間しか保持できないものです。また、保持できる容量も限られており、ミラーによると、7±2チャンク（まとまり）に収まるとされています。この7±2のことを**マジカルナンバー**といいます。

例えば、次のような18個のアルファベットの並びがあったとします。

TIMEMACHINENETWORK

このまま1文字ずつ覚えようとすると、18チャンクとなるので、短期記憶の容量を超えてしまいます。そこで、何か意味のあるまとまりを作れないか調べてみると、TIME, MACHINE, NETWORK という3つの英単語にまとめることができます。これならば3チャンクであり、短期記憶の容量に収まる数になります。さらに、TIME と MACHINE を、TIME MACHINE という時間旅行の機械と認識すれば、TIME MACHINE と NETWORK という2チャンクにまとめることができます。

このように、短期記憶の容量は、生の情報量ではなく、その情報を単語や数字としてどの程度まとめられるかということで変わってきます。

(2) リハーサル

短期記憶は、容量が少ないうえに、保持できる時間も限られています。短期記憶に入った情報を保持しておくためには、その情報を繰り返し覚えようとする作業が必要です。これを**リハーサル**（反復）といいます。

リハーサルには、維持型リハーサルと精密型リハーサルの2種類があります。維持型リハーサルは、情報を音韻的に反復するもので、短期記憶にとどめることを目的とするものです。精密型リハーサルは、意味づけを行いつつ反復するもので、情報を長期記憶に送ることを目的とするものです。意味づけのために、イメージを思い浮かべたり、連想したり、ごろ合わせのように覚えやすい形に変換したりします。

(3) 検索の役割

短期記憶には、感覚記憶を長期記憶に移行するための中継所の役割とともに、長期記憶に貯蔵してある情報を引き出してきてくれる役割もあります。この役割を**検索**といいます。検索によって、その古い情報の鮮度がよみがえり、現実的な情報にすることができるとされています。

(4) ワーキングメモリ

1) 概要

ワーキングメモリは、何らかの認知課題（例：計算、推論、読解など）に取り組んでいる際に、それに関連する別の情報を長期記憶から呼び戻して、同時に保持する過程のことです。作業記憶、作動記憶ともいいます。

読書を例にすると、次の通りに働きます。

---

① 本を読んで文章や単語を頭に入れる
② 同時に長期記憶にある知識やエピソードを検索する
③ 検索した知識やエピソードと、本の中の単語や文を照らし合わせる
④ 単語や文が意味することを理解する

15.4 長期記憶

長期記憶は、永続的に情報を保持できるうえに、その容量に限界がないと仮定されている記憶です。短期記憶の情報をリハーサルで保持しながら、イメージ化などの作業で相互に関連づけてまとめること（**体制化**）で長期記憶に送ります。再生・再認を繰り返すと忘却しにくくなります。

長期記憶は、言葉で表現できるかによって、**宣言的記憶**と**手続き的記憶**の2つに分類することができます。また、いつのことを思い出すかによって、**展望記憶**と**回想記憶**に分けられます。

(1) 宣言的記憶（陳述記憶）

　言葉で表現できる記憶で、事実と経験を保持するものです。利用のされ方で、**意味記憶**と**エピソード記憶**に分けることができます。箱田(2010)によると、宣言的記憶は What（何）についての記憶です。記憶があるかどうか意識できる記憶なので顕在記憶と呼ばれます。

　多くの場合、出来事をまずエピソード記憶として覚えて、それから意味記憶に移行します。

1）エピソード記憶

　個人的な体験や出来事、特定の期間や場所での出来事を覚えている記憶です。「いつ、どこで、どのように経験したものか」が明らかな記憶です。

　例えば、昨日の夕飯のメニューのような自伝的な出来事や、大きな事件や災害のように、発生した日時や場所が明確な社会的な出来事の記憶です。

2）意味記憶

　言葉の意味や、数学や物理の法則のような一般的な知識に関する情報を覚えている記憶です。いつ覚えたかの時間や場所を規定できないものです。自分の家族の名前や誕生日のような個人的な事実と、源氏物語の作者が紫式部であるというような社会的に共有されている事実に分けられます。

(2) 手続き的記憶（非陳述記憶）

　自転車の乗り方のように体で覚えた記憶で、技能や運動に関する記憶、**プライミング**、古典的条件づけ（第 8 章参照）が含まれます。箱田(2010)によると、手続き的記憶は How（どのように）についての記憶です。意識にあまりのぼることがない記憶で、潜在記憶と呼ばれます。

1）技能や運動に関する記憶

　運動技能や段取りについての記憶です。自転車の乗り方の他に、箸の使い方、泳ぎ方を覚えていることなどがあげられます。この記憶には、次の 2 つの特徴があります。

① 説明するのが難しく、同じ体験をさせないと伝わりにくいものです
② 一度覚えると忘れにくく、使いたいときには、無意識的に（考えずに）
　利用できます

2）プライミング

　以前提示された刺激（プライム）が後で提示された刺激の処理に影響を
与える現象を**プライミング**（プライミング効果）といいます。連想喚起と
もいわれます。プライム（先行刺激）と後続刺激の知覚的属性（見た目や
音など）の一致度を重視すると知覚的プライミングといいます。一方、先
行刺激と後続刺激の概念の関連性を重視すると概念的プライミングといい
ます。

　知覚的プライミングの例には、「きぼう」という語（先行刺激）を提示し
てから、「き＿う」という単語の断片（後続刺激）を提示すると、「きのう」
や「きょう」などより「きぼう」と想起しやすいというものがあります。

　概念的プライミングの例には、「キリン」という語（先行刺激）を提示し
てから、「首−？」という対（後続刺激）を提示すると、首からキリンとい
う動物を連想しやすいというものがあります。

　プライミングは、記憶を意識的に想起しない形で利用するので、潜在的記
憶の代表例とされています(藤永, 2013)。

（3）展望記憶

　展望記憶は、予定や約束などの記憶で、将来行うべきことを覚えておくこ
とです。例えば、「明日銀行に行こう」と覚えておくことです。過去の出来事
を覚えておいて思い出す**回想記憶**（エピソード記憶や意味記憶）とは正反対
の記憶です。展望記憶は高齢になると低下します。

　やろうと決めてから実行に移すまでの間に、ある程度の時間が開きます。
この遅延期間中に一度やることを意識しない状態になり、予定や約束をその
日時にタイミングよく想起する必要があります。

第16章 障害受容

　心身に障害を発生した人が、自分の障害をどのように受け入れていくか、その過程はさまざまです。

　この章では、**中途受障者**（人生の途中で、病気や怪我により障害が発生した人）を中心に、当事者が自分自身の障害を受け入れていく過程をみていきたいと思います。

16.1　障害受容とは

(1) 概要

　障害受容とは、自分に障害があることを受け入れて、自分が持っている能力を最大限に生かして、現実に対応していこうという姿勢のことをいいます。例えば、怪我や病気の後遺症により障害が発生した場合、学業、仕事、人間関係などに苦手なことがある原因が発達障害によるものとわかった場合などに、障害受容という課題に向き合うことになります。

　ライトによると、障害受容の過程では、「**価値の範囲の拡大**」と「**比較価値から資産価値への転換**」という 2 つの認識の転換が起こります。

① **価値の範囲の拡大**：できないことを見るのではなく、できることを探すこと
② **比較価値から資産価値への転換**：他者との比較ではなく、自分が持っているものや与えられるものに目を向けること

　さらに、障害受容の過程では、「障害が与える影響の制限」と「身体の外観を従属的なものにすること」も起こります。

1）障害が与える影響の制限

障害によってできないことが減少することです。そうなれば、「障害があっても大丈夫。問題ない」という認知になりやすくなると考えられます。このためには、本人の努力や工夫だけではなく、周囲の支援や環境調整などが重要な要因になります。

2）身体の外観を従属的なものにすること

怪我や疾病によって、大きな傷跡が残ったり、身体の一部を切除したりするなどして、身体つきの見た目が変わることがあります。見た目が変わったとしても、その人の全てが変わったわけではないと考えます。

性格や思考などの内面や、社会的役割や人間関係などは、受障以前のままであっても不思議ではありません。

（2）障害受容の経過

障害受容は、初めから全ての事実を受け入れられるわけではなく、段階的に進むと考えられています。

上田(1983)は、障害受容の経過を、"ショック期 → 否認期 → 混乱期 → 努力期 → 受容期"の5段階にまとめています。それぞれの時期には次のようなことが起きます。

1）ショック期

受障直後から集中治療を受けている段階です。この段階では、自分に何が起きているのか、どのような状況に置かれているか判断ができずにいます。そして、痛みや苦しみのような肉体的苦痛が大きく、怪我や病気をしたことに身体的にも精神的にもショックを受けている状態です。

このときには、自分に障害があることを理解したり考えたりすることは、まだできません。

2）否認期

肉体的苦痛が軽減され、身体の状態が安定します。落ち着いてくると、自

分の状態が少しずつ見えてくるため、症状が簡単に治らないことに気づきます。しかし、それを受け入れる準備がまだできないため、症状を**否認**（現実から目をそらすこと。防衛機制の一種）して、心を守ろうとします。

　障害が残る可能性を疑う気持ちと、回復を期待する気持ちの両方を持ちながら、完治を目標にして機能回復のために訓練に熱心に取り組む時期です。

３）混乱期

　自分に起きている現実を否認できなくなり、障害が残ることを確信し始める時期です。

　辛い現実に向き合わされることと、治療やリハビリテーションの困難さが重なって、攻撃的な態度が出やすくなります。攻撃の対象は、他者と自分の両方です。

　他者への攻撃は、責任転嫁や怒り、恨みをぶつけたりすることです。例えば、援助者や家族に向けられます。一方、自分への攻撃は、悲嘆や後悔が生じたり、抑うつ状態になったりすることです。つまり、この時期は、本人だけではなく、家族や周囲の人も大変な思いをします。

４）努力期

　自分の残っている能力に目を向けて、これからの生活のために、前向きな努力が必要であると考え始める時期です。この時期に（１）で説明した、「価値の範囲の拡大」と「比較価値から資産価値への転換」が起こります。

５）受容期

　自分の価値観を拡大・転換させることが完成し、障害を自分の個性の１つであると受け入れる時期です。そして、自分を障害に適応させていきます。

　具体的には、情緒を安定させたうえで、自分の能力でできることや、障害でできなくなったことの代わりを探します（**代償**。防衛機制の一種）。そして、積極的に社会参加をして、再起を目指します。

　この 5 段階は順序通り直線的に進むわけではありません。また、全ての当事者が受容期までに至るわけではありません。この 5 段階は、あくまで目安であることを忘れてはいけません。

(3) グレイソンによる障害受容の概念

　グレイソンは、障害受容を身体的、心理的、社会的の 3 つの観点でまとめています。

- ① **身体的受容**：自分の身体の症状や原因や予後について、冷静かつ客観的に知ること
- ② **心理的受容**：自分の障害に酷い情緒的混乱（悩む、恥じるなど）を起こさないこと
- ③ **社会的受容**：自分の職業、家庭、住居などで現実に即応できること

16.2　障害受容に影響する要因

　障害受容がどの程度進むかは人それぞれです。受容の進度に影響する要因には、次の 6 点があげられています(田垣, 2002; 松村, 1999)。

(1) 障害発生年齢

　障害受容は、一般的に先天的な障害よりも、病気や怪我による中途障害の方が困難になると考えられています。そして、発達段階が進んでから障害が発生した場合には、より障害受容がしにくいとされています。特に、成人期以降では、**代償**となるものが見つけにくいため、受容がより困難になります。

(2) 障害の原因

　障害の原因となった怪我や病気になった理由が、障害受容に影響します。例えば、障害の原因となった出来事、その出来事の取り組み方、誰のせいかなどの原因の違いによって障害受容の進み方が変わります。

表 16.1　受障原因の例

原因となった出来事	仕事や学業の最中か。遊んでいる最中か
原因となった出来事への取り組み方	集中して取り組んでいたか。不注意だったのか
誰が原因か	自分なのか。他人なのか。誰のせいでもないのか（例：自然災害）

（3）障害の程度や部位

　障害の重さや部位なども障害受容に影響すると考えられています。

　まず障害の重さについては、重度になるほど影響が大きくなるわけではありません。軽度であるとかえって「何とかならないのか」などと、自分も周りも障害を受け入れられないことがあります。

　次に、障害のある部位によって、仕事、学業、家事などのうち、何ができなくなるかが変わってきます。また障害が複数ある重複障害の方が、困難が多く、より受容が難しくなるとされています。

（4）時間的経過

　時間が経過すると、現実が変わらないことを受け入れざるを得なくなり、できることをするより仕方ないという気持ちの整理を促進することがあります。そのためにどのくらいの時間が必要かは、人それぞれ違います。

（5）病前性格

　第14章で説明した通り、心理的問題を起こしやすいパーソナリティ特性である**病前性格**というものがあります。障害受容に関係する病前性格は、**欲求不満耐性**（フラストレーション・トレランス）であると考えられています。つまり、障害で自分が思う通りに、活動ができないという欲求不満状態にどれだけ耐える力があるかということです。

　欲求不満耐性の強弱は、当事者によって個人差があり障害受容の程度に影響します。

（6）社会的環境

　障害を持っている人本人の問題だけではなく、周囲のサポートの程度も、障害受容に影響します。具体的には、家族、友人、職場、居住する地域の理解や援助があげられます。例えば、障害があっても就業可能であることや、公的支援や資産により生活保障があることも、障害受容を後押しします。

16.3　中途障害の影響

（1）概要

　怪我や病気によって、元来持っていた身体の機能が損なわれる中途障害に気づいたときには、非常に強い不安や苦しみを覚えます。中途障害の受障は、さまざまな喪失を引き起こすことになります。それは、医学的あるいは生理的な側面だけではなく、社会的および心理的喪失体験も含まれています。世界保健機構（WHO）の定義では、障害は次の3段階に分けられます。

　まず、疾患などで身体や知的機能に起きる機能・形態障害（**1次的障害**）が生じ、そのために日常生活行為などがスムーズに行えない能力障害（**2次的障害**）が起きて、仕事や家庭での役割を喪失する社会的不利（**3次的障害**）が発生します。まとめると図16のようになります。

1次的障害：機能・形態障害
その障害に固有で、中核的な問題

2次的障害：能力障害
日常の社会生活能力の低下

3次的障害：社会的不利
仕事や家庭における役割の喪失

図 16　1次的障害から3次的障害までの模式図

（2）中途受障の結果

　図16のように、身体や知的機能に障害が発生することによって、身体や知的機能の変化だけでなく、社会生活の変化も起きると考えられています。例えば、身体や知的な機能を前提に成り立っていた仕事、家庭生活、人間関係を失ったり、作り直さないといけなくなったりします。

　そうなった場合、当事者本人は、受障前に持っていた自分の価値を失ったように感じて、自尊感情の低下が起こります。また、他者からは、普通の人のようにはできない人であると差別されることもあります。これを**スティグマ**（烙印）といいます。

（3）中途受障の種類と原因

　中途受障によって生じる障害の種類には、五感の機能障害、内部障害、言語障害、肢体不自由、精神障害、知的機能や記憶の障害などが考えられます。

　まず、五感の機能障害は、視覚、聴覚、味覚、嗅覚、触覚が病気や怪我によってうまく機能しなくなることです。特に視覚は、外部の情報を得るために多く使われている感覚なので、中途失明などの視覚障害は大きな不利益を生みます。障害発生の原因は、事故などによる怪我、脳血管障害、糖尿病、悪性新生物などの疾患があげられます。

　次に内部障害は、心臓、腎臓、呼吸器、膀胱、直腸などの機能障害によって、日常生活が制限されるものです。障害発生の原因は、HIV感染による免疫低下、脳血管障害、糖尿病、悪性新生物などの疾患があげられます。

　そして中途に発生する言語障害は、脳血管障害などによる失語症や、心因性の発生障害などが考えられます。また、肢体不自由は、マヒや切断により肢体の一部が十分に働かなくなることです。その原因は、事故による肢体や頭部の外傷、脊髄損傷、脳血管障害や糖尿病などの疾患が考えられます。

　最後に、精神障害と知的機能や記憶の障害があります。精神障害は、統合失調症、うつ病、双極性障害、不安症などの精神疾患（第13章参照）で日常生活に支障が起きることです。知的機能や記憶の障害は、加齢や疾患などによって、正常に発達した知能や記憶機能が低下することです。

　通常は、働かなくなった機能を補うために代わりの機能を働かせます。

しかし、それでも不十分な場合は、さまざまな不利が発生します。

　障害の種類や受障理由は、障害受容のあり方に影響を与えるため、関わる相手にある障害をよく理解しておくことが大切です。

16.4 障害受容を考える際の留意点

　これまで説明してきた通り、障害受容を考える際には、喪失体験の理解が重要になってきます。この節では代表的なものを紹介します。

(1) 障害者の見え方

　文化人類学者で、自身も受障経験を持つマーフィーは、「障害者は、完全な健康でもないし完全な病者でもない。だから、社会的に中途半端な位置に置かれやすい」と述べています(マーフィー, 1997)。これは、次のようなことを意味します。

　病者は、病気が完治するまでの間、仕事などの社会的役割を免除される代わりに、治療に専念することが社会的に認められています。

　ところが、障害者は、自分の障害に応じた範囲で無理なく行動することと同時に、健常者に負けないふるまいが期待されます。障害の程度が軽いほど、当事者が「できないこと」を周囲が目にすることが少ないので、サポートを求めても理解が得づらく、「どっちつかずの辛さ」が増すと考えられています。

　特に、中途障害の場合、周囲に受障以前の印象が残っているため、受障後も健常者のつもりで見られやすく、サポートが受けづらいという問題に直面しやすくなります。

(2) 支援者の障害受容の見方

　リハビリテーションや社会福祉の専門家が、当事者本人ではなく、専門職の都合に合わせて「障害受容」という言葉を曖昧に使っているという批判があります。例えば、援助者が「リハビリテーションがうまく進まないのは、当事者の障害受容が足りないから」と当事者を批判していないかという疑問が持たれています(田垣, 2002)。

（3）障害者自身による支援

　専門家による支援とともに、障害者による障害者のサポートである、セルフヘルプ、ピアサポート、自助グループという援助方法も有効です。

　これらの支援には、同じ障害がある者同士が、同じ視点で、困難さを理解することができたり、問題の解決方法を助言できたりするという利点があります。

（4）ライフイベントによる見方

　障害は当事者の**発達段階**やライフイベントによって、問題になるものが違ってきます。

　例えば、学校に通っている人に障害がある場合、「今ここで」で困っていることだけではなく、将来に予想される問題が不安を生み、障害受容を妨げることがあります。例えば、表16.2のようなライフイベントによって不安が生まれます(田垣, 2002)。

表 16.2　ライフイベントごとの不安

ライフイベント	不安の例
卒 業	学校では受けられた手厚い支援がなくなる
就 職	職場の理解を得られるか。十分な収入を得られるか
結婚	相手にどこまで伝えればよいか。相手の理解を得られるか。相手の家族に反対されないか
子育て	子どもを作れるか。子どもを育てられるか。子どもはどう思うか

（5）障害者を受容すること

　同じ障害があっても、その当事者たち全員が同じものの見方や考え方をしているわけではありません。そこで、当事者本人の語りに丁寧に耳を傾けることで、本人の障害観を把握する必要があります。また、障害受容に強く影

響する喪失体験は、前述の通り、短期的に見た回復だけではなく、長い時間
の経過を考慮する必要があります。つまり、同じ当事者でも場面や時期によ
って障害受容のあり方が異なるということです。

　このように、障害がある人をありのまま理解することが、有効な援助の糸
口になります。さらに、自分の障害を他者に話をすることで、当事者自身も
気づきが生まれ、障害の理解や受容を促すきっかけになります。

　こうした聴き取りのためには、援助者は理論や自分自身の臨床経験に当て
はめて当事者を見るのではなく、当事者のことで「まだわからないことがあ
る」「だから教えてもらわなくては」という姿勢をとり続けることが重要では
ないかと考えます。

文 献

第1章

松見淳子　2005　認知行動療法の将来　こころの科学 121，56-61.

丹野義彦　2015　臨床心理学とは何か　丹野義彦他　臨床心理学　有斐閣，pp. 3-23.

第2章

アメリカ精神医学会（高橋三郎・大野裕監訳）　2014　DSM-5 精神疾患の診断・統計マニュアル　医学書院

松本ちひろ　2021　ICD-11「精神，行動，神経発達の疾患」構造と診断コード　精神神経学雑誌 123：42-48.

丸田敏雅他　2021　ICD-11「精神，行動，神経発達の疾患」の開発の経緯　精神神経学雑誌　123（2）：100-107.

毛利伊吹　2015　発達に関する障害の理解と支援　丹野義彦他　臨床心理学　有斐閣，pp. 585-624.

下山晴彦　2009　異常心理学とは何か　下山晴彦編著　よくわかる臨床心理学【改訂新版】ミネルヴァ書房，pp. 68-71.

丹野義彦　2002　異常心理学の成立に向けて　下山晴彦・丹野義彦編　講座臨床心理学 3　異常心理学 I　東京大学出版会，pp. 3-20.

WHO（融道夫他監訳）1993　ICD-10 精神および行動の障害－臨床記述と診断ガイドライン－　医学書院

横倉正倫　2014　DSM-5 総論　森則夫他編著　臨床家のための DSM-5 虎の巻　日本評論社，pp. 8-15.

第3章

金沢吉展　1998　カウンセラー－専門家としての条件－　誠信書房

石津和子　2009a　観察法　下山晴彦編著　よくわかる臨床心理学【改訂新版】ミネルヴァ書房，pp. 482-449.

中澤潤　1997　人間行動の理解と観察法　中澤潤他編著　心理学マニュアル観察法　北大路書房，pp. 1-12.

第 4 章

小林重雄　1977　グッドイナフ人物画知能検査ハンドブック　三京房

松澤広和　2009　検査法 (2) 投影法　下山晴彦編著　よくわかる臨床心理学【改訂新版】ミネルヴァ書房, pp. 52-53.

中瀬惇　2004　ビネー法　氏原寛他編　心理臨床大事典【改訂版】培風館, pp. 465-471.

佐野勝男・槇田仁　1972　精研式文章完成テスト解説（新訂版）－成人用－　金子書房

島田修　2011　質問紙法検査　日本心理臨床学会編　心理臨床学事典　丸善出版, pp. 100-101.

杉原一昭・杉原隆監修　2003　田中ビネー知能検査Ⅴ　田研出版

瀧本孝雄　2011　作業検査法　日本心理臨床学会編　心理臨床学事典　丸善出版, pp. 104-105.

辻本英夫　2004　ウェクスラー法　氏原寛他編　心理臨床大事典【改訂版】培風館, pp. 472-475.

山本多喜司監修　1991　発達心理学用語辞典　北大路書房

第 5 章

藤川麗　2007　臨床心理のコラボレーション　東京大学出版会

木村智　2004　コンサルテーション・リエゾン精神医学　氏原寛他共編　心理臨床大事典【改訂版】培風館, pp. 787-793.

國分康孝　1980　カウンセリングの理論　誠信書房

國分康孝編　1990　カウンセリング辞典　誠信書房

毛利伊吹　2015　臨床心理面接　丹野義彦他　臨床心理学　有斐閣, pp. 105-128.

鑪幹八郎・名島潤慈編著　2000　新版心理臨床家の手引　誠信書房

第 6 章

Freud, S.（古沢平作訳）1969　改訂版フロイト選集 3　続精神分析入門　日本教文社

袴田俊一　1987　防衛機制　篠置昭男他編著　看護のための心理学　福村出版, pp. 87-90.

乾吉佑監修　2015　生い立ちと業績から学ぶ精神分析入門　－22 人のフロイトの後継者たち－　創元社

國分康孝　1980　カウンセリングの理論　誠信書房

國分康孝編　1990　カウンセリング辞典　誠信書房

前田重治　1985　図説臨床精神分析学　誠信書房

ムーア&ファイン編 (福島章監訳) 1995　アメリカ精神分析学会精神分析事典　新曜社

長尾博　2013　ヴィジュアル　精神分析ガイダンス　創元社

杉山明子　2015　精神分析パラダイム／精神分析療法　丹野義彦他　臨床心理学　有斐閣, pp. 157-187.

高木秀明　1991　性格　福田幸男編著　新訂増補心理学　川島書店, pp. 187-214.

田中志帆　2009　精神分析　下山晴彦編　よくわかる臨床心理学【改訂新版】ミネルヴァ書房, pp. 146-149.

第7章

Dusay, J, M. (新里里春訳) 1980　エゴグラム　創元社

Jung , C. G. (小川捷之訳) 1976　分析心理学　みすず書房

川嵜克哲　2009　分析心理学　下山晴彦編　よくわかる臨床心理学【改訂新版】ミネルヴァ書房, pp. 150-153.

國分康孝　1990　カウンセリングの理論　誠信書房

倉戸ヨシヤ　2011　ゲシュタルト療法　－その理論と心理療法例－　駿河台出版社

森本幸子　2021　個人心理学　子安増生他監修　有斐閣現代心理学辞典　有斐閣, p. 241.

野田俊作　2004a　アドラーの心理学 (個人心理学)　氏原寛他編　心理臨床大事典【改訂版】培風館, pp. 123-125.

野田俊作　2004b　劣等性, 劣等感, 劣等コンプレックス　氏原寛他編　心理臨床大事典【改訂版】培風館, p. 981.

野田俊作　2016　アドラー心理学を語る2　グループと瞑想　創元社

Rubin, E. J. 「Figure and ground.」　in Beardslee, D. C. & Wertheimer, M. (Eds.), readings in Perception. Van Nostrand

八木保樹　1994　コンプレックス　重野純編　キーワードコレクション心理学　新曜

社, pp. 240-241.

Zeig, K. (Ed) (成瀬悟策監訳) 1990 21世紀の心理療法Ⅱ 誠信書房

第8章

浜村良久 1994a 道具的条件づけ 重野純編 キーワードコレクション心理学 新曜社, pp. 140-143.

浜村良久 1994b 般化と弁別 重野純編 キーワードコレクション心理学 新曜社, pp. 146-149.

浜村良久 1994c 強化スケジュール 重野純編 キーワードコレクション心理学 新曜社, pp. 150-151.

林潤一郎 2009a 行動療法 下山晴彦編著 よくわかる臨床心理学【改訂新版】ミネルヴァ書房, pp. 154-157.

國分康孝 1980 カウンセリングの理論 誠信書房

桜井芳雄 1991 学習 福田幸男編著 新訂増補心理学 川島書店, pp. 87-106.

佐々木淳 2015 学習理論パラダイム/行動療法 丹野義彦他 臨床心理学 有斐閣, pp. 237-254.

外林大作他編 1981 誠信心理学辞典 誠信書房

山田一之 1994 古典的条件づけ 重野純編 キーワードコレクション心理学 新曜社, pp. 136-139.

第9章

Gendlin, E. T. (村山正治他訳) 1982 フォーカシング 福村出版

國分康孝 1980 カウンセリングの理論 誠信書房

野島一彦 2004 クライエント中心療法 氏原寛他編 心理臨床大事典【改訂版】培風館, pp. 307-312.

Rogers, C. R. (伊藤博訳) 1966 ロージァズ全集4 サイコセラピィの過程 岩崎学術出版社

Rogers, C. R. (保坂亨他訳) 2005 ロジャーズ主要著作集2 クライエント中心療法 岩崎学術出版社

丹野義彦 2015 人間性心理学パラダイム/クライエント中心療法 丹野義彦他 臨

床心理学　有斐閣，pp. 189-334.

第10章

林潤一郎　2009b　認知行動療法　下山晴彦編著　よくわかる臨床心理学【改訂新版】ミネルヴァ書房，pp. 158-161.

毛利伊吹　2015　認知理論パラダイム/認知行動療法　丹野義彦他　臨床心理学　有斐閣，pp. 255-284.

丹野義彦・坂本真士　2001　自分のこころからよむ臨床心理学入門　東京大学出版会

第11章

石津和子　2009b　催眠療法　下山晴彦編著　よくわかる臨床心理学【改訂新版】ミネルヴァ書房，pp. 192-193.

伊藤俊樹　2004　芸術療法　氏原寛他編　心理臨床大事典【改訂版】培風館，pp. 391-396.

真栄城輝明　2011　内観療法　日本心理臨床学会編　心理臨床学事典　丸善出版，pp. 86-87.

久保田幹子　2011　森田療法　日本心理臨床学会編　心理臨床学事典　丸善出版，pp. 84-85.

小澤久美子・臺利夫　2004　心理劇　氏原寛他編　心理臨床大事典【改訂版】培風館，pp. 332-335.

皿田洋子　2011　SST　日本心理臨床学会編　心理臨床学事典　丸善出版，pp. 92-93.

吉村麻奈美　2009　家族療法　下山晴彦編　よくわかる臨床心理学【改訂新版】ミネルヴァ書房，pp. 162-165.

第12章

新井邦二郎編著　1997　図でわかる発達心理学　福村出版

Erikson, E. H.　（仁科弥生訳）　1977　幼児期と社会1・2　みすず書房

藤永保監修　2013　最新心理学事典　平凡社

次良丸睦子・五十嵐一枝　2002　発達障害の臨床心理学　北大路書房

森俊夫　2006　教師とスクールカウンセラーのためのやさしい精神医学①　－LD・広汎性発達障害・ADHD編－　ほんの森出版

毛利伊吹　2015　発達に関する障害の理解と支援　丹野義彦他　臨床心理学　有斐閣，pp. 565-624.

大岸素子　1987a　発達の心理学的概念：発達段階のとらえ方　篠置昭男他編著　看護のための心理学　福村出版，pp. 24-28.

大岸素子　1987b　発達の理論：素質と環境（学習）篠置昭男他編著　看護のための心理学　福村出版，pp. 28-30.

関峋一　1987　認知の発達　篠置昭男他編著　看護のための心理学　福村出版，pp. 37-41.

下山晴彦　1998　青年期の心理障害と臨床援助　下山晴彦編　教育心理学Ⅱ　東京大学出版会，pp. 209-233.

外林大作他編　1981　誠信心理学辞典　誠信書房

杉山登志郎・髙貝就・湧澤圭介　2014　自閉症スペクトラム　森則夫他編著　臨床家のためのDSM-5虎の巻　日本評論社，pp. 37-42.

内山登紀夫監修　2006　発達と障害を考える本シリーズ2 ふしぎだね!?アスペルガー症候群（高機能自閉症）のおともだち　ミネルヴァ書房

山本多喜司監修　1991　発達心理学用語辞典　北大路書房

第13章

アメリカ精神医学会（高橋三郎他訳）2002　DSM-Ⅳ-TR　精神疾患の診断・統計マニュアル【新訂版】医学書院

アメリカ精神医学会（高橋三郎・大野裕監訳）2014　DSM-5 精神疾患の診断・統計マニュアル　医学書院

榎本眞理子　2009　不安障害　下山晴彦編　よくわかる臨床心理学【改訂新版】ミネルヴァ書房，pp. 78-81.

福西勇夫編著　2004　統合失調症の疑問に答える本　法研

岩田泰秀　2014　統合失調症スペクトラムおよび他の精神病性障害　森則夫他編著　臨床家のためのDSM-5虎の巻　日本評論社，pp. 64-73.

加藤敏他編　2011　現代精神医学事典　弘文堂

切池信夫監修　2004　拒食症と過食症　講談社

松澤広和　2009　統合失調症　下山晴彦編　よくわかる臨床心理学【改訂新版】ミネ
　　ルヴァ書房, pp. 94-95.

森俊夫　2010　教師とスクールカウンセラーのためのやさしい精神医学②　－薬物依
　　存・統合失調症・うつ病・不安障害編－　ほんの森出版

森田慎一郎　2009　気分障害　下山晴彦編　よくわかる臨床心理学【改訂新版】ミネ
　　ルヴァ書房, pp. 92-93.

鈴木勝昭　2014　双極性障害とうつ病性障害　森則夫他編著　臨床家のための DSM-5
　　虎の巻　日本評論社, pp. 74-85.

山登啓之　2005　子どもの精神科　筑摩書房

吉村麻奈美　2009　摂食障害　下山晴彦編　よくわかる臨床心理学【改訂新版】ミネ
　　ルヴァ書房, pp. 84-85.

第14章

福島章　1995　精神病質から人格障害へ　－歴史と展望－　福島章他編　人格障害
　　金剛出版, pp. 3-33.

原田杏子　2009　パーソナリティ障害　下山晴彦　よくわかる臨床心理学【改訂新
　　版】ミネルヴァ書房, pp. 88-91.

狩野力八郎監修　2007　自己愛性パーソナリティ障害のことがよくわかる本　講談社

加藤敏他編　2011　現代精神医学事典　弘文堂

國分康孝編　1990　カウンセリング辞典　誠信書房

久保田幹子　2011　森田療法　日本心理臨床学会編　心理臨床学事典　丸善出版,
　　pp. 84-85.

Kretschmer, E.　(相場均訳) 1971　体格と性格　文光堂

重野純編　1994　キーワードコレクション心理学　新曜社

下山晴彦　1998　青年期の心理障害と人格理論　下山晴彦編　教育心理学Ⅱ－発達と
　　臨床援助の心理学－　東京大学出版会, pp. 209-236.

杉浦義典　2006　人格障害　二宮克美・子安増生編　キーワードコレクション パーソ
　　ナリティ心理学　新曜社, pp. 154-157.

高木秀明　1991　性格　福田幸男編著　新訂増補心理学　川島書店, pp. 187-214.

丹野義彦　2002　異常心理学の成立に向けて　下山晴彦・丹野義彦編　講座臨床心理
　　学3　異常心理学I　東京大学出版会，pp. 3-20.

牛島定信監修　2008　境界性パーソナリティ障害のことがよくわかる本　講談社

第15章

藤永保監修　2013　最新心理学事典　平凡社

漁田武雄　1991　記憶　福田幸男編著　新訂増補心理学　川島書店，pp. 107-128.

渡辺正孝　1994　記銘と保持　重野純編　1994　キーワードコレクション心理学　新
　　曜社，pp. 172-175.

外林大作他編　1981　誠信心理学辞典　誠信書房

箱田裕司　2010　長期記憶　箱田裕司・都築誉史・川畑秀明・萩原滋　認知心理学　有
　　斐閣，pp. 119-140.

第16章

秋山美栄子・山本哲也編著　2002　老人・障害者の心理　健帛社

マーフィー、R.　1997　ボディ・サイレント　新宿書房

松村一矢　1999　障害の種類と心理的特性(1)　硯川眞旬編集代表　学びやすい老
　　人・障害者の心理　金芳堂，pp. 86-92.

無藤隆・やまだようこ編　1995　生涯発達心理学とは何か：理論と方法　金子書房

下薗誠　1999　障害と受容　硯川眞旬編集代表　学びやすい老人・障害者の心理　金
　　芳堂，pp. 77-81.

田垣正晋　2002　中途障害児・者の心理　医療秘書教育全国協議会監修　老人・障害
　　者の心理　健帛社，pp. 152-156.

上田敏　1983　リハビリテーションを考える　青木書店

索 引

著者略歴

橋本 和幸（はしもと かずゆき）

2000 年　横浜国立大学教育学部卒業

2002 年　横浜国立大学大学院教育学研究科修了

　地方自治体のスクールカウンセラー、教育相談センター教育相談嘱託員、
　了德寺大学教養教育センター助教などを経て、

2016 年　東京学芸大学大学院連合学校教育学研究科修了

現在、了德寺大学教養部教授　博士（教育学）　臨床心理士　公認心理師

専門は、教育心理学、臨床心理学（特に、スクールカウンセリングや学生相
談について）

近著

「心理学ことはじめ【第 2 版】－教養と対人支援のための 12 章－」（ムイス
リ出版、単著）

「教育心理学メモランダム」（ムイスリ出版、単著）

2015 年 3 月 29 日	初　版　第 1 刷発行
2019 年 3 月 28 日	第 2 版　第 1 刷発行
2023 年 3 月 13 日	第 3 版　第 1 刷発行

専門職のための
臨床心理学基礎 [第 3 版]

著　者　橋本和幸　©2023
発行者　橋本豪夫
発行所　ムイスリ出版株式会社

〒169-0075
東京都新宿区高田馬場 4-2-9
Tel.03-3362 9241(代表)　Fax.03-3362-9145
振替 00110-2-102907

カット：山手澄香、MASH　　ISBN978-4-89641-320-5　C3011
印刷・製本：共同印刷株式会社